LAWRENCE DA ARÁBIA

Proibida a reprodução total ou parcial em qualquer mídia
sem a autorização escrita da editora.
Os infratores estão sujeitos às penas da lei.

A Editora não é responsável pelo conteúdo da Obra,
com o qual não necessariamente concorda. O Autor conhece os fatos narrados,
pelos quais é responsável, assim como se responsabiliza pelos juízos emitidos.

Consulte nosso catálogo completo e últimos lançamentos em www.editoracontexto.com.br

GUERREIROS

Lawrence da Arábia

Alessandro Visacro

Copyright © 2010 do Autor

Todos os direitos desta edição reservados à
Editora Contexto (Editora Pinsky Ltda.)

Montagem de capa e diagramação
Gustavo S. Vilas Boas

Preparação de textos
Lilian Aquino

Revisão
Evandro Lisboa Freire

Dados Internacionais de Catalogação na Publicação (CIP)
(Câmara Brasileira do Livro, SP, Brasil)

Visacro, Alessandro
Lawrence da Arábia / Alessandro Visacro. –
1. ed., 2ª reimpressão. – São Paulo : Contexto, 2022.

Bibliografia
ISBN 978-85-7244-485-9

1. Arte e ciência militar 2. Estratégia
3. Guerra Mundial, 1914-1918 – Campanhas – Oriente Médio
4. Lawrence, Thomas Edward, 1888-1935 – Liderança militar
5. Oriente Médio – História 6. Revolta Árabe – História
7. Soldados – Grã-Bretanha – Biografia I. Título.

10-06679   CDD-355.425092

Índices para catálogo sistemático:
1. Estrategistas guerrilheiros : Biografia   355.425092
2. Líderes guerrilheiros : Biografia   355.425092

2022

EDITORA CONTEXTO
Diretor editorial: *Jaime Pinsky*

Rua Dr. José Elias, 520 – Alto da Lapa
05083-030 – São Paulo – SP
PABX: (11) 3832 5838
contexto@editoracontexto.com.br
www.editoracontexto.com.br

Em memória de Mauro Moreira Montoni

Sumário

Um soldado do futuro 9

Ned 25

A Revolta Árabe 37

Capitão Lawrence: "muito longe de Damasco" 45

O conselheiro de Faissal 55

Akaba: vitória da guerrilha 64

O general e o guerrilheiro 76

A arrancada final 87

A última batalha 101

Thomas Edward Shaw 115

O legado de Abu Markha 119

Cronologia 131

Glossário 135

Bibliografia 139

O autor 141

Agradecimentos 143

Um soldado do futuro

Na manhã de 19 de maio de 1935, domingo, no hospital militar de Bovington, condado de Dorset, sul da Inglaterra, faleceu, aos 46 anos de idade, Thomas Edward Shaw. O paciente, com grave traumatismo craniano, encontrava-se em coma havia seis dias, vítima de um acidente de motocicleta: perdera o controle de sua veloz *Brough Superior SS100* ao tentar desviar de dois ciclistas que vinham na direção contrária, em uma curva da estrada que levava à sua modesta residência em Clouds Hill. Os principais jornais ingleses divulgaram, com pesar, a notícia do falecimento, causando tristeza em todo o país.

O funeral aconteceu, dois dias depois, na paróquia de Moreton. Shaw não deixou esposa nem filhos, apenas um restrito círculo de amigos. Sua mãe, Sara, e seu irmão mais velho, Robert, não compareceram à cerimônia – na ocasião, dedicavam-se às lides missionárias na China e, portanto, não puderam estar presentes. Apenas Arnold, o irmão caçula, teve a oportunidade de despedir-se. Dentre aqueles que lhe prestaram as últimas homenagens estavam Winston Churchill e o ex-primeiro-ministro britânico lorde Lloyd George.

Thomas Edward Shaw era, na verdade, um herói nacional: o lendário "Lawrence da Arábia". Em 1927, adotou o novo sobrenome, pois, segundo declarara, tinha a intenção de manter-se longe da fama, discretamente protegido pelo anonimato.

Tornara-se uma celebridade em fins de 1919, quando o jornalista norte-americano Lowell Thomas lançou um documentário sensacionalista, narrando a participação de Lawrence na campanha aliada no Oriente Médio durante a Primeira Guerra Mundial. Exibido nas salas de cinema de Nova York e Londres, o trabalho de Lowell Thomas transformou-se em um estrondoso sucesso de público, dando forma, no imaginário popular, à representação caricata do jovem aventureiro que, longe dos horrores da frente ocidental, reuniu tribos nômades do deserto, tradicionalmente hostis, em uma exitosa força de guerrilha.

De fato, a lama das trincheiras não havia produzido nenhuma narrativa épica capaz de corresponder às expectativas do cidadão comum. A guerra na Europa constituiu uma tragédia sem precedentes e qualquer tentativa de enaltecê-la simplesmente não fazia sentido. Ao contrário, toda a insensatez do conflito era denunciada em obras de manifesto pacifismo, como, por exemplo, *Nada de novo no Front*, do alemão Erich Maria Remarque. Assim sendo, Lawrence, retratado inadequadamente por Lowell Thomas como o altivo "líder do exército árabe", capaz de alcançar a vitória com relativa ausência de derramamento de sangue, parecia atender à necessidade do público de apegar-se a homens e histórias extraordinários. Desde então, seu nome nunca foi esquecido, tornando-se objeto de um vasto repertório de estudos biográficos.

Em 1926, divulgou seu relato pessoal da guerra em *Os sete pilares da sabedoria*. Fez uma sofisticada "edição só para assinantes", cuja tiragem limitou-se a 120 exemplares. No entanto, seus elevados custos obrigaram-no a publicar, no ano seguinte, uma versão simplificada intitulada *Revolta no deserto*. O livro transformou-se, imediatamente, em um *best-seller*. Após a morte do autor, *Os sete pilares da sabedoria*, traduzido para outros idiomas, consagrou-se como um clássico da literatura mundial. Em 1962, uma superprodução dirigida por David Lean, vencedora de 7 Oscars e 18 outros prêmios (incluindo quatro Globos de Ouro), deu novo vigor à lenda do "rei sem coroa da Arábia", permitindo às novas gerações, em todo o planeta, conhecerem o emblemático personagem interpretado pelo ator Peter O'Toole.

A construção do mito, entretanto, não se fez sem controvérsias. Muito embora seus admiradores o tenham enaltecido por suas virtudes singulares, os críticos e detratores rotularam-no como um impostor que sustentava uma "farsa imperialista". Para os céticos, o pretenso protagonismo desempenhado por Lawrence durante a Revolta Árabe nunca passou de uma fraude que, em última análise, apenas reproduz a conflituosa relação entre as potências ocidentais e os povos muçulmanos do Oriente Médio. Já os soldados profissionais, limitados por sua rígida ortodoxia, de certa forma, sempre consideraram que a experiência de Lawrence com os nômades beduínos da península arábica possuía uma restrita aplicação no campo das ciências militares, ignorando-a, portanto.

Na verdade, poucos compreenderam a magnitude de seu pensamento. Dentre aqueles que souberam reconhecer no jovem oficial britânico um autêntico gênio militar está Basil Henry Liddell Hart, um dos mais notáveis e influentes estrategistas do século passado, para quem Lawrence "não só merece um lugar entre os mestres da guerra, mas se destaca pela clareza na compreensão de sua arte".[1] O fato de Liddell Hart ser o autor de *Lawrence, na Arábia e depois* e *Coronel Lawrence: o homem por trás da lenda* denota o quanto o admirava. Contudo, Lawrence, na maioria das vezes, foi visto, apenas, como um aventureiro bem-sucedido.

Conflitos recentes parecem oferecer uma nova perspectiva sobre seu legado. Sua biografia ganha uma diferente dimensão no início do século XXI, pois sua peculiar abordagem da insurgência revela-se assustadoramente atual. As operações militares em curso nas montanhas do Afeganistão ou nas ruas do Iraque demonstram que, apesar dos anos, suas ideias permanecem válidas. À semelhança dos eventos que marcaram a Revolta Árabe, torna-se cada vez mais comum o uso de pequenos grupos de soldados atuando em conjunto com guerrilheiros nativos, cumprindo missões especiais com elevado grau de risco e importância estratégica. O papel cada vez mais expressivo de atores beligerantes não estatais e a própria instabilidade política que perdura no Oriente Médio, desde a vitória aliada em 1918, nos trazem de volta à memória a imagem de Lawrence, em suas extenuantes jornadas pelo deserto, incursionando contra a retaguarda inimiga ao lado de líderes e guerreiros tribais. Por esse motivo, *Os sete pilares da sabedoria*, assim como outros textos de sua autoria versando sobre a campanha árabe, voltam a ser lidos e estudados, pois, como afirmou o crítico político e literário norte-americano Irving Howe, "Lawrence ainda não é um nome a ser descartado pela história".[2] Portanto, vale a pena lançarmos um olhar sobre o passado e, chegando até os dias de hoje, identificar a "herança" de Lawrence na forma como os conflitos armados têm sido conduzidos.

Quando eclodiu a Primeira Guerra Mundial, em agosto de 1914, quase todo o Oriente Médio fazia parte do Império Turco Otomano. Na África, o grande vale do rio Nilo, abrangendo os territórios do Egito e do Sudão, pertencia à coroa britânica. Separados apenas pela península desértica do Sinai e o Mar Vermelho, os dois impérios, em breve, lutariam entre si, pois o governo otomano, por meio de um acordo secreto, aliara-se às Potências Centrais europeias (Alemanha e Áustria-Hungria).

Todavia, o Oriente Médio permaneceu como um "teatro de operações" secundário. O *front*, compreendido entre as cidades de Gaza e Beer-Sheva apresentava uma atividade relativamente modesta para os padrões de sua

UM SOLDADO DO FUTURO 13

Coronel T. E. Lawrence, considerado um dos criadores da moderna técnica de guerrilha.
O jovem oficial britânico lutou ao lado de tribos nômades do deserto durante a Revolta Árabe.

época. Durante os dois primeiros anos do conflito, os turcos mantiveram certa vantagem sobre seus inimigos. Entretanto, em junho de 1916, o xarife da cidade sagrada de Meca, Hussein ibn Ali, iniciou uma revolta com o propósito de dar fim a séculos de dominação otomana. Os ingleses, prontamente, reconheceram no movimento sedicioso árabe a chance para enfraquecer a posição turca, explorando, com habilidade, a insurreição em benefício próprio. Inicialmente, a garantia formal de ajuda do governo britânico limitou-se ao fornecimento de assessores militares, armamento leve, apoio de fogo naval e à libertação de prisioneiros de guerra que se predispusessem a lutar sob as ordens do velho Hussein. Contudo, após as conquistas dos portos de Wejh e Akaba na costa do mar Vermelho, o patrocínio inglês foi ampliado, incluindo aeroplanos, carros blindados, artilharia de campanha, milhares de camelos, libras esterlinas, unidades militares e suprimentos diversos.

Capazes de superar grandes distâncias no deserto hostil com o mínimo de água e provisões, os guerreiros tribais árabes – essencialmente nômades beduínos – realizavam ações calcadas na surpresa e na rapidez. Eles atacavam pontos longínquos da retaguarda turca, demolindo pontes, pilhando estações ferroviárias, destruindo trilhos, descarrilando composições, dinamitando aquedutos, inquietando desafortunadas guarnições inimigas, derrubando postes e cortando cabos telegráficos. Porém, jamais ofereciam uma batalha decisiva, na qual pudessem ser derrotados. Em pouco tempo, os turcos já empenhavam mais recursos na defesa de sua retaguarda, contra as incursões dos guerrilheiros que emergiam da aridez do deserto, do que na própria linha de frente contra o exército britânico.

Com o desenrolar do conflito, as forças árabes rebeldes ladearam as tropas aliadas na conquista da Palestina e da Síria. A participação nativa na vitória de 1918 influenciou a redefinição do mapa político do Oriente Médio que se seguiu à derrota do Império Turco Otomano. A criação de Estados nacionais árabes e o surgimento de novas possessões franco-britânicas na região tiveram reflexos que, mesmo nos dias atuais, ainda podem ser claramente percebidos.

Desse enredo surge o personagem que se converteria em lenda.

OS LIMITES DO IMPÉRIO TURCO OTOMANO

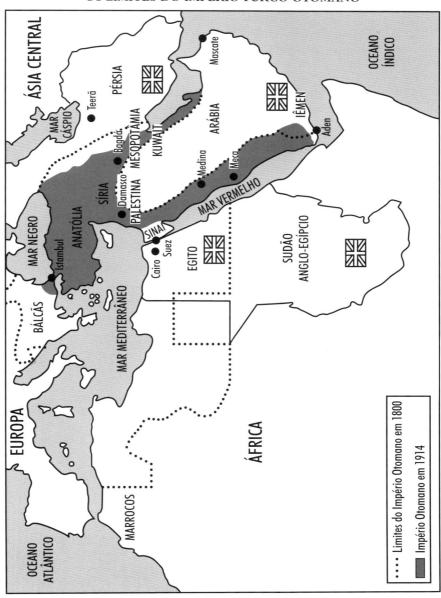

Lawrence não foi o primeiro, nem o único militar designado para servir junto às forças árabes rebeldes. Também não foi o oficial de mais alta patente a assessorar os líderes da sublevação. Quando desembarcou pela primeira vez na península arábica, em outubro de 1916, no porto de Jeddah, próximo a Meca, Lawrence sequer ocupava posição de destaque na pequena comitiva do secretário de assuntos orientais da Agência Britânica no Egito, Ronald Storrs. Sua primeira participação em um combate só aconteceu sete meses depois do início da revolta. Entretanto, Lawrence iria se tornar o mais destacado e influente assessor militar por trás dos chefes árabes, sobretudo o príncipe Faissal, terceiro filho de Hussein e verdadeiro arquiteto da vitória rebelde.

Seria razoável admitir que Lawrence, com suas ideias aparentemente extravagantes sobre a dimensão política e estratégica da Revolta Árabe, não fosse muito longe em suas pretensões. No começo, a insurreição deflagrada por Hussein era pouco inspiradora. O tênue sentimento nacionalista árabe não parecia ser suficientemente forte para aglutinar tribos nômades do deserto, pois muitas delas nutriam entre si uma longa tradição de rivalidade. Os parcos suprimentos disponíveis, incluindo fuzis, não eram o bastante para atender à demanda dos revoltosos. Metralhadoras e canhões simplesmente não existiam. Lawrence, por sua vez, não era um soldado profissional. Seus hábitos pouco castrenses, seu aguçado senso crítico e, até mesmo, sua pequena estatura (apenas 1,65m) não o tornavam muito popular entre os colegas do quartel-general no Cairo. Não fazia parte da aristocrática oficialidade britânica, para quem os insurgentes não passavam de meros salteadores do deserto, uma vez que o pensamento militar predominante no início do século XX caracterizava-se por um arraigado e obtuso convencionalismo, cuja doutrina preconizava, essencialmente, a condução de uma "guerra metódica", travada por meio de longos duelos de artilharia e ataques maciços de grandes contingentes.

Contudo, Lawrence possuía uma rara inteligência e uma obstinação sem igual. Conhecedor da natureza humana, era capaz de persuadir e manipular as pessoas à sua volta. Tais características, aliadas ao domínio da língua árabe e a uma singular compreensão da cultura local, faziam dele um competente negociador, proporcionando-lhe as habilidades de um diplomata – virtude que seria muito útil em sua missão junto às tribos do deserto. Embora tenha utilizado, com sucesso, as técnicas de pilhagem dos beduínos aos seus propósitos militares, Lawrence não se ateve às meras contribuições táticas que a Revolta Árabe poderia oferecer ao esforço de guerra britânico. Ao contrário, foi sua ousada percepção do valor político e estratégico do movimento liderado por Hussein que o distinguiu dos demais. Alcançando vitórias militares importantes com uma guerrilha até então desacreditada, Lawrence pôde convencer os generais ingleses no Egito a atribuírem à Revolta Árabe um papel de destaque no contexto da campanha aliada no Oriente Médio. Depois da guerra, ofereceu sua última contribuição servindo no Colonial Office, onde assessorou o então ministro das colônias, Winston Churchill, nas negociações que culminaram com a Conferência de Paz do Cairo, em 1921. Sua capacidade de autopromover-se, por vezes de forma teatral, e sua vocação literária ajudaram-no tanto em sua defesa da "causa árabe" quanto na construção da imagem que o imortalizaria como um bem-sucedido comandante de guerrilha.

Na verdade, o nome T. E. Lawrence incorporou-se à vasta galeria de guerreiros que, ao longo da história, concorreram para o desenvolvimento de um tipo peculiar de combate, cuja designação, a partir da Segunda Guerra Mundial, passou a ser conhecida como **operações especiais**.[3] Embora seus métodos tenham sido considerados pelos mais dogmáticos, à época, uma espécie de distorção da "verdadeira guerra", nos dias de hoje é impensável a existência de um conflito armado que prescinda totalmente de ações não convencionais. Ao contrário, a guerra como a concebeu Lawrence já suplanta as tradicionais formas de beligerância. Uma análise sumária das lutas travadas nos últimos cem anos revela que a atuação de **forças especiais** e unidades do tipo **comandos** tem adquirido uma importância crescente. Por trás da mística e das extraordinárias façanhas dessas tropas, podemos encontrar um pouco do jovem oficial britânico que, no decurso da Primeira Grande

Guerra, liderou os **irregulares** árabes contra a retaguarda do exército turco-otomano. Poucos anos depois do acidente ocorrido na estrada de Bovington, o mito de Lawrence da Arábia e suas ideias pouco ortodoxas voltariam a ser úteis à Inglaterra, inspirando, de um modo bem original, soldados aliados na luta contra o nazifascismo.

Em 1940, quando Hitler ocupou quase toda a Europa Ocidental, a Grã-Bretanha viu-se isolada diante da perspectiva de uma invasão alemã. Sem o envolvimento direto dos Estados Unidos, os ingleses não dispunham de poderio bélico convencional suficiente para contra-atacar em larga escala as posições inimigas firmemente estabelecidas no outro lado do canal da Mancha. Nesse momento, o tenente-coronel Dudley Clark apresentou ao chefe do Estado-Maior Geral, *sir* John Dill, uma proposta para que fossem criados **destacamentos de incursão** de pequeno efetivo, capazes de fustigarem, por meio de *raids* anfíbios, a costa da Europa ocupada. Seu plano era simples: valendo-se da surpresa, realizar ataques rápidos contra alvos mal defendidos e, em seguida, retirar-se. A sugestão foi prontamente aceita pelo primeiro-ministro Winston Churchill, que deu seu aval para a criação de um novo estilo de unidade, os comandos.

Embora houvesse oposição à ideia de uma organização especial de incursões dentro das forças armadas, Churchill não hesitou em levar adiante o projeto original de Clarke. Talvez, a lembrança dos feitos militares de Lawrence tenha influenciado sua decisão, pois nunca escondera sua admiração pelo controvertido oficial, a quem se referiu como "um dos grandes seres humanos de nosso tempo".[4] De todo modo, a alternativa então encontrada pelos ingleses possuía, de fato, algum precedente nas ações dos guerreiros árabes contra o exército turco durante a Primeira Guerra Mundial. A experiência com os comandos seria coroada de êxito, porém, não seria a única.

Em 1941, David Stirling, um jovem tenente escocês servindo no norte da África, propôs lançar pequenos grupos de soldados atrás das linhas inimigas, com o intuito de atacar aeródromos do Eixo e destruir aviões em solo. Seu plano divergia da concepção geral de emprego dos comandos em dois aspectos. Primeiro, Stirling acreditava que equipes de apenas 12 homens seriam suficientes para realizar uma incursão bem-sucedida, ou seja, um número significativamente menor que o previsto para uma unidade do tipo comandos padrão, cujo efetivo mínimo era de 200 militares. Segundo, a infiltração desses homens na retaguarda inimiga não poderia depender exclusivamente de belonaves da Marinha Real. A princípio, Stirling pensou em salto de paraquedas, mas logo constatou que o uso de caminhões e jipes através do deserto seria mais eficaz. A ideia veio em boa hora, pois o general alemão Erwin Rommel, à frente do famoso Afrikakorps, conquistara importantes vitórias sobre os britânicos. Como soluções inovadoras tornam-se mais atraentes em momentos de crise, Stirling obteve permissão para recrutar e treinar voluntários para seu ousado propósito. A nova unidade recebeu a denominação de Serviço Aéreo Especial ou, simplesmente, SAS (sigla em inglês para *Special Air Service*).

A atuação do SAS no norte da África foi excepcional. O próprio Rommel se referiu a ele como "o grupo do deserto que nos causou mais danos que qualquer outra unidade britânica de igual efetivo".[5] Em termos práticos, seu brilhante desempenho representou o aprimoramento das táticas em uso nas "ações do tipo comandos".

A associação entre os memoráveis feitos do SAS e o legado de Lawrence é ainda mais evidente. A natureza das "ações diretas" realizadas contra alvos na retaguarda inimiga era, em sua essência, a mesma. Agindo em conjunto com o grupo de operações de longo alcance do deserto (*Long Range Desert Group* − LRDG), a unidade de Stirling valeu-se, primordialmente, de caminhões Chevrolet de 1,5 tonelada e jipes Willys, armados com metralhadoras *Browning*, *Lewis* e *Vickers*, para percorrer as grandes distâncias do implacável deserto do norte da África e atacar seus oponentes em profundidade. Lawrence fora o precursor da ideia, no Oriente Médio, empregando, com o mesmo propósito, veículos blindados Rolls-Royce equipados com metralhadoras *Vickers-Maxim*. Os homens do SAS tornaram-se conhecidos por sua aparência desleixada e a barba por fazer. Não há como vê-los ornados com o característico *kifir* árabe na cabeça e não estabelecer uma analogia com o jovem oficial britânico de pés descalços e vestes beduínas, causando constrangimentos entre os mais conservadores, no quartel-general no Cairo, durante a Primeira Guerra Mundial. Decerto, os soldados do *Special Air Service* e T. E. Lawrence possuíam muito em comum, mas, sobretudo, compartilhavam o mesmo desprezo pelo convencional.

Entretanto, a Segunda Guerra Mundial não fez prosperar apenas o número de forças de incursão, capazes de realizar ataques furtivos atrás das linhas inimigas. Ao contrário, promoveu o notável desenvolvimento de outra dimensão das operações especiais: a guerra de **partisans**. Com o intuito deliberado de "incendiar a Europa", Churchill determinou a criação de um órgão especificamente destinado a patrocinar movimentos de resistência locais. Surgiu, assim, a Executiva de Operações Especiais (*Special Operations Executive* – SOE).

Os bons resultados obtidos pelos ingleses levaram os Estados Unidos a criar o Escritório de Serviços Estratégicos (*Office of Strategic Services* – OSS). Juntos, SOE e OSS recrutaram, treinaram e infiltraram agentes na Europa ocupada. Suas tarefas básicas consistiam em organizar, instruir, coordenar e suprir grupos de resistência, com ênfase nas práticas de guerrilha. Porém, como nos lembra Malcom Brown: "numa época em que histórias sobre heróis de resistência ou grupos de guerrilha operando em território inimigo jorravam das gráficas, Lawrence já o fizera antes de todos eles".[6] E, citando o escritor Victor Pritchett, admite: "em tudo, desde os ataques-relâmpagos, as execuções, a intriga e as torturas, até o niilismo final, [Lawrence foi] a primeira cobaia da clandestinidade".[7]

Com o fim da guerra em 1945, SAS, SOE e OSS foram extintos e seus quadros desmobilizados. Entretanto, a necessidade de se dispor de organizações militares profissionais capazes de operar em conjunto com forças irregulares nativas tornou-se ainda maior. O equilíbrio dos arsenais termonucleares norte-americano e soviético, que impedia um confronto direto entre as duas superpotências, o desmantelamento do império colonial europeu e a ampla disseminação da guerra revolucionária marxista levaram à conflagração do Terceiro Mundo. Guerras de libertação na África e na Ásia, revoluções na

China e no Caribe, terrorismo no Oriente Médio e guerrilhas na América Latina compuseram o conturbado cenário da Guerra Fria.

Por esse motivo, o SAS foi reativado no início dos anos 1950 e, nas décadas seguintes, adquiriu, com justiça, o *status* da mais renomada **força de operações especiais** do planeta. Seus homens atuaram em diferentes ambientes de conflito, desde as selvas equatoriais da Malásia até as baixas temperaturas das ilhas Malvinas, passando pela Irlanda do Norte e península arábica. Nos Estados Unidos, um veterano do OSS, coronel Aaron Bank, foi designado comandante do recém-criado 10° Grupo de Forças Especiais Aerotransportado, cuja missão era: "infiltrar-se por terra, mar e ar bem fundo no território ocupado pelo inimigo e organizar o potencial de resistência para conduzir operações de forças especiais, dando ênfase à guerra de guerrilhas".[8] Os "boinas verdes", como se tornaram conhecidos, obtiveram notoriedade a partir da Guerra do Vietnã e, desde então, têm se destacado por sua elevada proficiência e por suas refinadas táticas, técnicas e procedimentos operacionais.

Tanto nos soldados do SAS, organizando grupos civis de autodefesa para fazer frente a guerrilheiros no sultanato de Omã, por exemplo, quanto nos boinas verdes, treinando e combatendo ao lado de tribos de montanheses vietnamitas, encontramos um pouco do legado de Lawrence. Isso significa que assessores militares competentes, capazes de estabelecer e desenvolver laços de confiança com a população local a despeito das barreiras culturais, podem estruturar, equipar, instruir e dirigir forças irregulares nativas, apoiando ou evitando uma confrontação militar formal, com repercussões nos níveis político e estratégico do conflito.

Contudo, em um período da história marcado pela intransigência ideológica, o guerrilheiro argentino Ernesto "Che" Guevara, aclamado como verdadeiro ícone rebelde, iria, de certo modo, subtrair parte do simbolismo que Lawrence representava no imaginário coletivo. Ao mesmo tempo, o líder da Revolução Chinesa, Mao Tsé-tung, iria apresentar, de forma bem mais objetiva e tangível, preceitos doutrinários que norteavam a **guerra irregular**. Ainda assim, a biografia de Lawrence, especialmente seus feitos em campanha e suas reflexões, conservaram sua inestimável utilidade e ganharam novo alento no pós-Guerra Fria, uma "era de conflitos persistentes" protagonizados por facções armadas, organizações militantes e grupos terroristas, como iriam demonstrar as operações militares conduzidas, na Ásia Central e no Oriente Médio, em nome da "guerra global contra o terror" anunciada pela Casa Branca.

Depois dos atentados de 11 de setembro de 2001, os Estados Unidos atacaram o refúgio da organização terrorista Al-Qaeda no Afeganistão e depuseram o governo islâmico ultrarradical dos Talibã. Todavia, ao invés de fazê-lo empregando grandes contingentes de tropas respaldados por um enorme poderio bélico convencional, como era esperado, Washington optou por lançar mão de seus grupos de forças especiais. Eles foram incumbidos de fornecer o apoio necessário às diversas tribos que compunham a Aliança do Norte, em uma luta que já se arrastava, por alguns anos, contra o regime teocrático do mulá Mohamed Omar. Os melhores soldados dos Estados Unidos, com indumentárias da cultura afegã, cavalgando ao lado de guerrilheiros da Aliança do Norte e guiando ataques aéreos de modernos caças F-18, reproduziram, com maestria, o que Lawrence já fizera durante a Primeira Guerra Mundial, montado sobre o dorso de um camelo.

Em 2003, foi a vez de o ditador Saddam Hussein ser arrancado do poder. Na madrugada do dia 19 de março, blindados do 5º Corpo de Exército, reunidos no Kuwait, irromperam as fronteiras meridionais do Iraque com a missão de conquistar a capital Bagdá. Simultaneamente, avanços ocorreram em duas outras frentes abertas por Forças Tarefas Conjuntas de Operações Especiais. A oeste, foram reunidos, sob o comando do general John Mulholland, o 5º Grupo de Forças Especiais, o 75º Regimento Ranger, tropas da 82ª Divisão Paraquedista, uma bateria de lançadores múltiplos de foguetes e, ainda, equipes de forças especiais de outros países-membros da coalizão, como a versão australiana do SAS. Mulholland deveria localizar e destruir os lançadores de mísseis balísticos *Scud*, além de garantir a posse de pontos-chaves no terreno, como o aeroporto de Wadi al Khirr e os acessos aos arredores da cidade de Najaf. Ao norte, o 10º Grupo de Forças Especiais foi lançado na zona autônoma curda, antes mesmo do início da invasão, com a tarefa de obter o apoio da milícia Peshmerga vinculada à União Patriótica do Curdistão. Juntos, soldados das forças especiais dos Estados Unidos e paramilitares curdos combateram unidades do exército regular iraquiano e militantes da organização fundamentalista *Ansar al Islam*, ocupando cidades importantes, como Kirkuk e Mosul.

Há que se reconhecer, em todos os exemplos citados, dos comandos ingleses na Segunda Guerra Mundial às forças especiais dos Estados Unidos desdobradas no Afeganistão e no Iraque, o pioneirismo de Thomas Edward Lawrence – o jovem polêmico e visionário que detém o mérito de haver inaugurado as operações especiais do século XX. Afinal:

> [o]nde quer que tenham operado – aqueles pequenos bandos de fanáticos felizes que, com facas nos dentes e as caras pintadas de preto, escalavam escarpas dos litorais defendidos pelo inimigo, moviam-se por baixo da superfície dos rios, ou despencavam de nuvens inocentes – todos eles compartilhavam, em maior ou menor grau, do manto de T. E. Lawrence...[9]

NOTAS

[1] Douglas Orgill, *Lawrence*, Rio de Janeiro, Renes, 1978, p. 57.
[2] Malcolm Brown, *Lawrence da Arábia*, Rio de Janeiro, Nova Fronteira, 2007, p. 207.
[3] Os termos negritados fazem parte do Glossário que está no fim deste livro. Eles foram destacados em sua primeira aparição.
[4] Malcolm Brown, op. cit., p. 201.
[5] Arthur Swinson, *Comandos do deserto*, Rio de Janeiro, Renes, 1975, p. 159.
[6] Malcolm Brown, op. cit., p. 203.
[7] Idem, p. 204.
[8] Leroy Thompson, "Boinas Verdes", em *Corpos de elite*, São Paulo, Globo, 1987, p. 426.
[9] Malcolm Brown, op. cit., p. 204.

NED

Thomas Edward Lawrence nasceu no dia 16 de agosto de 1888, em Tremadoc, norte do País de Gales. Naquela época, o Império Britânico experimentava o seu apogeu. O trono no palácio de Buckingham era ocupado por uma mulher, cuja imagem de austeridade reproduzia o êxito das políticas comerciais e industriais inglesas, além, é claro, do incontido avanço neocolonialista, que penetrara à força e profundamente em territórios da África, Ásia e Oceania. Entre

1837 e 1901, período em que a rainha Vitória permaneceu no poder, a Inglaterra consolidou, de forma absoluta, sua hegemonia sobre as demais nações.

Os ingleses dispunham da maior e mais poderosa marinha do mundo. Os navios de Sua Majestade não eram responsáveis apenas pela defesa de vastas possessões ou pelo controle dos mares, prestavam-se, também, para inundar o mercado internacional com os produtos manufaturados na Grã-Bretanha. No final do século XIX, embora ainda subsistissem as chagas sociais geradas pela Revolução Industrial, o povo inglês, de resto, nunca desfrutara de condições semelhantes — em especial, a classe média, que, usufruindo do aumento de riqueza e das inovações tecnológicas, tinha acesso a bens e serviços, até então, restritos à aristocracia.

Entretanto, a era vitoriana não se caracterizou apenas pela prosperidade do império. Diferentemente dos monarcas que a precederam, cuja devassidão tornara-se de domínio público, a rainha, em vestes sempre negras, impôs um moralismo exacerbado a todas as esferas da sociedade inglesa. A onda de puritanismo, que tomou conta do país, iria afetar sobremaneira o ambiente familiar de Lawrence, pois seus pais dedicaram-se a uma união ilegítima, ainda que duradoura.

A "indecorosa" história do casal teve início na Irlanda, no condado de Westmeath, próximo à capital, Dublin. O pai de Lawrence era um fidalgo: *sir* Thomas Robert Tighe Chapman nasceu em novembro de 1846, filho do baronete William Chapman e de Martha Louisa Vansittart. Educou-se em Eton, uma das mais tradicionais escolas da Inglaterra, e cursou o Royal Agricultural College, antes de retornar para casa e desposar, em 1873, Edith Thomas Sarah Hamilton.

Edith também era proveniente de uma rica família de proprietários de terra anglo-irlandeses e chamava a atenção por seu excessivo zelo religioso. Ao lado de seu distinto marido, foi viver em South Hill, uma grande casa senhorial localizada nas cercanias da aldeia de Delvin. Lá, deu à luz quatro meninas: Eva Jane Louisa, Rose Isabel, Florença Lina e Mabel Cecele.

Como de praxe, *sir* Thomas Chapman buscou os serviços de uma governanta para auxiliar na educação de suas filhas. Com esse propósito, contratou

Sara Junner, uma jovem de origem escocesa, tão obediente a Deus quanto sua própria esposa.

Porém, o destino reservava uma surpresa. Em meio à monotonia do campo e ao rigor religioso imposto por Edith a todos em South Hill, Thomas acabou se envolvendo com a criada, 15 anos mais nova. Em 1885, Sara, ela mesma uma filha bastarda, viu-se obrigada a pedir demissão, a fim de ocultar os evidentes sinais de uma inoportuna gravidez. Foi viver em Dublin, onde *sir* Thomas Chapman estabeleceu um segundo lar com sua amante. Nesse mesmo ano, nasceu Robert, o primeiro filho do casal.

Mas não tardou para que a impostura do cavalheiro fosse descoberta. Forçado a escolher entre Edith e Sara, Thomas Chapman não hesitou em abrir mão de suas propriedades, renunciando também ao título de nobreza para permanecer ao lado da mulher que amava, ainda que fosse contra a lei. Ele teve de resignar-se com uma anuidade vitalícia de 200 libras esterlinas, suficiente para manter sua nova família longe de privações. Embora o romance entre o patrão adúltero e a governanta possa parecer trivial nos dias de hoje, certamente não o era em uma sociedade conservadora do final do século XIX, e o casal viu-se forçado a esconder essa mácula sobre seu passado, levando uma vida quase errante.

Thomas e Sara adotaram um novo sobrenome, Lawrence, e se mudaram para o País de Gales, onde, em 1888, nasceu o segundo filho, Thomas Edward ou simplesmente "Ned", como foi apelidado. No ano seguinte, na Escócia, Sara deu à luz William George e, em 1893, em uma das ilhas do canal da Mancha, nasceu Frank Helier.

Depois de curtos períodos em outros domicílios, o senhor e a senhora Lawrence, acompanhados de seus quatro filhos, enfim, chegaram à cidade de Oxford, onde se estabeleceram definitivamente, em 1896, adquirindo uma boa casa em Polstead Road nº 2, bairro North Oxford. A opção pelo famoso centro universitário não fora casual, era preciso assegurar uma educação de qualidade às crianças, que puderam ser matriculadas no Oxford City High School. Quatro anos mais tarde, nasceu o caçula da família, Arnold Walter.

Os meninos foram criados com certo rigor, sob a atenta autoridade materna. Temerosos por seu passado, Thomas e Sara mantiveram-se alheios aos círculos sociais de Oxford, restringindo-se a frequentar assiduamente a igreja. Por sorte e discrição, preservaram em completo segredo uma situação conjugal irregular e, embora permanecessem à margem da lei, foram capazes de oferecer um lar sadio para seus cinco filhos.

Por 11 anos, o pequeno Ned frequentou o Oxford City High School. Em 1907, obteve uma bolsa que lhe permitiu o ingresso no Jesus College, da Universidade de Oxford. Desde tenra idade, demonstrara propensão para o estudo da história, interessando-se por descobertas arqueológicas e arquitetura medieval. Jamais revelou aptidão para os esportes convencionais. Era mais dado às suas próprias aventuras, submetendo-se, espontaneamente, a provas de resistência física e autodomínio. Aficionado por livros, possuía uma paixão confessa pela leitura e a pretensão, de algum dia, tornar-se escritor. Com sua baixa estatura, Ned se escondia por detrás de furtivos olhos azuis, misturando, em sua voz, timidez com arrogância intelectual. Os colegas o viam como um jovem excêntrico e introspectivo, orbitando entre a genialidade e a loucura. Ainda que não cultivasse muitas amizades, não era, definitivamente, um rapaz solitário. De acordo com Douglas Orgill, Lawrence sempre se distinguiu por um traço particular: "importava-se pouco com as aclamações da plebe, embora muito lhe agradasse a estima e a admiração de um círculo cuidadosamente seleto de pessoas".[1]

No primeiro de uma série de episódios mal elucidados de sua biografia, fugiu de casa para alistar-se, como recruta, na Artilharia Real. Tratou-se de uma experiência infeliz, cujos verdadeiros motivos tanto ele quanto sua família fizeram questão de ocultar. Decerto graças à intervenção do pai, Lawrence conseguiu sua baixa das fileiras do exército, retomando sua rotina de estudante em Oxford. É possível que tenha sido essa malfadada aventura que levou Thomas e Sara a aquiescerem com a construção, no quintal de sua residência, de um pequeno e aconchegante bangalô, destinado a servir de refúgio para o filho.

Assim, durante todo o período universitário, Ned passou mais tempo recolhido em seu "estúdio" particular, na companhia de seus livros, do que nos bancos escolares. Segundo Henrique Fariñas, "enquanto outros estudantes discutiam política ou se mostravam interessados pelas ideias socialistas, Lawrence, que seria um conservador, como seu pai, vivia voltado para a Idade Média".[2]

Seu apreço por castelos, sobretudo aqueles erguidos pelos cavaleiros das cruzadas, forneceu não apenas o tema de sua defesa de tese no curso de História do Jesus College, como também o levou a percorrer, entre os anos de 1906 e 1908, quase toda a França, de bicicleta, visitando fortificações e igrejas medievais. Ao chegar à costa do mar Mediterrâneo, sua atenção voltou-se, naturalmente, para o Oriente Médio, pois a Terra Santa abrigava um acervo magnífico de castelos cruzados e esse deveria ser o próximo passo de um jovem obcecado pela ideia de continuar sempre em frente, ultrapassando seus próprios limites.

Impressionado pela leitura de *Viagens à Arábia deserta*, do célebre pesquisador Charles Montagu Doughty, Lawrence correspondeu-se com o autor manifestando a intenção de realizar, sozinho, uma peregrinação pela Síria e Palestina. Doughty desaconselhou-o em virtude dos perigos que enfrentaria. Porém, o risco tornava o empreendimento ainda mais atraente para Lawrence.

Portanto, foi motivado pelo estudo de arquitetura medieval, inspirado pela obra de C. M. Doughty e impulsionado por seu espírito irrequieto e aventureiro, que Thomas Edward Lawrence partiu, pela primeira vez, com destino ao Oriente Médio. Em 1909, desembarcou em Beirute, hoje capital do Líbano, levando consigo apenas algumas roupas e uma máquina fotográfica. Durante quatro meses, ele percorreu, a pé, cerca de 1.700 quilômetros entre a Síria e a Palestina, pelo vale do rio Jordão, fazendo anotações e esboços de dezenas de castelos.

O conhecimento da língua árabe adquirido em Oxford era rudimentar, mas o bastante para lhe permitir prosseguir em seus planos. Com o tempo, é claro, tornou-se mais fluente no idioma nativo. Foi assaltado e acometido por ataques de malária. Entretanto, a despeito das privações, realizou uma jornada extraordinária, descobrindo, dentro de si, um grande entusiasmo pela vida e costumes locais. Em carta ao diretor do Jesus College, escreveu:

> [...] fiz uma viagem esplêndida, quase sempre a pé e sozinho, de maneira que, vivendo como um árabe entre os árabes, pude ficar com uma ideia

mais correta a respeito deste povo do que aqueles que viajam em caravanas, acompanhados por intérpretes...[3]

Experimentando tão intensamente outra cultura, afirmou com certo grau de exagero: "terei imensa dificuldade em ser inglês novamente".[4] Anos mais tarde, Lawrence transformaria sensibilidade cultural em uma ferramenta capaz de contribuir com o esforço de guerra inglês.

Também não lhe passou despercebido o êxito das colônias judaicas instaladas na Terra Santa: "a Palestina já foi um grande país. E um dia voltará a sê-lo. Quanto mais depressa os judeus o cultivarem, melhor. As suas colônias, até no deserto, são lugares prósperos".[5] Porém, considerações políticas ou militares, ainda, não faziam parte de suas preocupações imediatas.

Ao retornar para Oxford, visivelmente emagrecido, dedicou-se à conclusão de sua tese, intitulada *A influência das cruzadas na arquitetura militar europeia, até o fim do século XII*.[6] A qualidade da pesquisa assegurou-lhe uma laureada graduação, sendo diplomado com louvor em História, no ano de 1910. Por conseguinte, o curador do Ashmolean Museum, David George Hogarth, ofereceu-lhe trabalho em um sítio arqueológico, localizado às margens do rio Eufrates, em Carchemish – atual cidade síria de Jerablus. Com isso, Lawrence foi agraciado como bolsista do Magdalen College e contratado como ajudante da comissão arqueológica.

Hogarth era um renomado orientalista, cujas análises bem fundamentadas acerca do Império Turco Otomano frequentemente interessavam ao serviço de informação britânico. Cabe destacar que, durante a Primeira Grande Guerra, D. G. Hogarth serviria à marinha real como oficial de inteligência. Contudo, naquele momento, ele estava encarregado apenas de organizar as escavações que deveriam ser retomadas no início de 1911, sob os auspícios do British Museum.

Lawrence precedeu a equipe de Hogarth, com o propósito de aprimorar seu conhecimento da língua árabe. No deslocamento de ida, graças a problemas mecânicos no navio em que viajava, ele pôde passar uma semana em Istambul, capital de seu futuro inimigo. Em dezembro de 1910, chegou à cidade de Jebail, ao norte de Beirute, onde teve aulas com Faride al Akle, professora de uma missão protestante norte-americana. Depois de dois meses, finalmente, juntou-se a Hogarth com destino a Carchemish.

Porém, a estrada para Damasco estava fechada, obrigando-os a adotar um itinerário alternativo pelo norte da Palestina. Feliz golpe do destino, pois permitiu àquele jovem despretensioso de 22 anos conhecer locais que, em um futuro não muito distante, teriam imenso valor tático para o líder guerrilheiro. Percorreram parte do vale do rio Yarmuk, um afluente da margem esquerda do rio Jordão. Viajaram pela ferrovia do Hejaz e almoçaram na estação de Deraa – alvos importantes na campanha vindoura.

Em Carchemish, o objeto da pesquisa eram os hititas, uma civilização pouco conhecida da Anatólia central (atual Turquia), que atingiu seu apogeu por volta de 1300 a.C., defrontando-se com os antigos egípcios. Naturalmente, um representante do governo otomano e uma pequena equipe de policiais acompanhavam de perto a rotina dos ingleses e seus empregados, pois a arqueologia poderia servir como pretexto para espionagem.

Segundo o testemunho de Leonard Woolley, que assumiu a chefia das escavações após o retorno de Hogarth à Inglaterra, "desde o início ele [Lawrence] foi excelente com os trabalhadores árabes. De certo modo, se parecia com eles porque o lado divertido da coisa o agradava tanto quanto o interesse científico".[7] Foi o melhor período de sua vida. Era um jovem alegre, sem excesso de preocupações ou responsabilidades. Lidava diretamente com a mão de obra local, revelando grande desenvoltura com os nativos. Tornou-se amigo de um dos serventes, cujo nome era Sheik Ahmed, mais conhecido por Dahoum. Fez dele seu ajudante pessoal. A grande estima dedicada ao rapaz gerou conjeturas acerca de uma relação homossexual que, apesar dos indícios, nunca foi efetivamente confirmada.[8] No verão, Lawrence aproveitou a oportunidade para excursionar pela Mesopotâmia (atual Iraque) e, em janeiro de 1912, trabalhou por algum tempo em Kafr Ammar, no vale do rio Nilo, com o famoso egiptólogo William Matthew Flinders Petrie, retornando, logo em seguida, para Carchemish.

Não obstante, esses anos de aparente tranquilidade foram cruciais na formação do futuro chefe guerrilheiro. Sem se dar conta, Lawrence estava adquirindo o necessário conhecimento etnológico de povos semitas; aplicando, em seu dia a dia, as noções elementares de liderança e persuasão; e, ainda, comungando com seus operários a aversão ao domínio turco, mais do que o florescimento de um autêntico nacionalismo pan-árabe.

O intenso convívio com os trabalhadores locais proporcionou-lhe uma visão bem peculiar do Oriente Médio, aproximando-o das aspirações nativas. Nesse período, Lawrence adquiriu a consciência do ideal de liberdade reprimido pelo poder otomano. Desde então, sua postura em face dos problemas regionais esteve solidamente alicerçada no desejo árabe de autodeterminação. Esse seria o fundamento de suas futuras ações nos campos militar e diplomático.

Graças à arraigada tradição imperial, os ingleses estavam habituados a valer-se da disciplina militar ou da autoridade colonial para incitar outros povos a servi-los. Em um canteiro de obras supervisionado pelos turcos, Lawrence viu-se privado de tais métodos e, despindo-se do universalismo e da prepotência característicos de sua cultura, mostrou-se inclinado a aprender mais com os próprios empregados árabes. Abdicando da usual atitude etnocêntrica, revelou a rara faculdade entre os ocidentais para empenhar-se na compreensão do mundo segundo as perspectivas nativas. Em breve, ele estaria liderando nômades beduínos na guerra no deserto e se tornaria precursor daquilo que, hoje, os soldados denominam *inteligência cultural*.

Em Carchemish, Lawrence se familiarizou com a maneira de agir e pensar da população local. Com extraordinária habilidade organizou e conduziu os operários envolvidos nas escavações, demonstrando sensibilidade, compreensão e tato – virtudes que ele parecia possuir principalmente com relação aos árabes. Participava de suas brincadeiras, resolvia seus litígios, ouvia suas conversas e percebia seus anseios, transpondo as barreiras étnicas e aventurando-se em um ambiente cultural que não era o seu.[9] Mais tarde, ele próprio admitiria:

Lawrence e Leonard Woolley no sítio arqueológico hitita em Carchemish.

Passei muitos anos antes da guerra percorrendo o Oriente semita, aprendendo os costumes dos aldeões, das tribos nômades, dos cidadãos da Síria e da Mesopotâmia. Minha pobreza forçou-me a conviver com as classes mais humildes, aquelas que raramente são conhecidas dos viajantes europeus. Assim, minha experiência proporcionou-me um ponto de vista excepcional, o que me permitiu compreender e pensar em termos dos ignorantes, não apenas dos mais esclarecidos e instruídos. Colhi opiniões importantes, não tanto para o momento atual, mas para o amanhã. Pude também observar alguma coisa das forças políticas em ação nas mentes do Oriente Médio, notando especialmente, em toda parte, os sinais inegáveis da decadência da Turquia imperial.[10]

Enquanto isso, a tensão internacional se tornava mais aguda. Havia sinais de uma provável aliança político-militar entre a Turquia e as Potências Centrais europeias, algo que ameaçaria a posição britânica tanto no Egito quanto na Índia, principal possessão inglesa. Portanto, em caso de conflito armado, o Oriente Médio se transformaria em um campo de batalha.

A fim de precaver-se, o Intelligence Service entrou em contato com D. G. Hogarth e organizou, no início de 1914, uma pequena "expedição científica" patrocinada pelo insuspeito Fundo de Exploração da Palestina. Seu verdadeiro propósito era realizar levantamentos topográficos, coletar dados e tirar fotografias do possível teatro de operações. A missão foi chefiada pelo capitão Stewart Francis Newcombe, do corpo de engenheiros reais do exército britânico. Dela fizeram parte Leonard Woolley, Lawrence e o jovem Dahoum. Durante seis semanas, eles percorreram a península do Sinai, mapeando-a. Obviamente, a presença dos arqueólogos não passava de um ardil, pois o autêntico trabalho de reconhecimento era feito por Newcombe. Ainda assim, a rara oportunidade de estar dissimulado atrás das "linhas inimigas", ao lado de um soldado profissional, acompanhando-o na aplicação de suas técnicas de orientação terrestre, de seleção de itinerários e de avaliação tática do terreno fez parte do aprendizado militar "informal" de Lawrence.

Na Europa, a luta estava prestes a começar. No dia 28 de junho de 1914, militantes da organização nacionalista bósnia Mão Negra, patrocinados pela Sérvia, assassinaram o arquiduque Francisco Ferdinando, herdeiro do trono austro-húngaro, durante uma visita oficial à cidade de Sarajevo. O episódio levou a uma rápida escalada da crise: no final de julho, a Áustria-Hungria bombardeou a Sérvia, provocando a reação russa em defesa dos povos eslavos. A Alemanha reiterou seu apoio à Áustria em caso de guerra contra a Rússia e, nesse ínterim, graças à "política de alianças", Inglaterra e França foram arrastadas para o conflito. Em agosto, o Velho Mundo estava em guerra.

Com a interrupção dos trabalhos de pesquisa no Oriente Médio, os membros da comissão arqueológica foram obrigados a retornar para a Grã-Bretanha. Em fins de outubro, Lawrence foi convocado a servir na Seção Geográfica do Estado-Maior, no War Office, em Londres. Automaticamente, foi promovido ao posto de segundo-tenente. Porém, com a entrada da Turquia no conflito, não permaneceu muito tempo na Inglaterra. Na primeira quinzena de dezembro, chegou ao Cairo, transferido para o Departamento de Inteligência. Ao seu lado estavam, mais uma vez, Leonard Woolley e Stewart Newcombe.

Em 1915, sofreu a perda de dois irmãos mais novos. William e Frank tiveram suas vidas ceifadas nos campos de batalha da Europa Ocidental. Como espectador da morte de milhões de jovens de sua geração, Lawrence se tornaria um contundente crítico da "guerra científica", acusando os generais de estarem tão obcecados pela ideia de derramamento de sangue quanto pelas elaboradas teorias de Clausewitz.[11] Contudo, até que a oportunidade de envolver-se na Revolta Árabe alterasse profundamente sua participação no conflito, Lawrence permaneceria, por quase dois anos, sentado atrás de uma mesa do quartel-general no Egito, "guarnecendo" uma mapoteca.

NOTAS

[1] Douglas Orgill, *Lawrence*, Rio de Janeiro, Renes, 1978, p. 10.
[2] Henrique M. Fariñas, *Lawrence: glória e humilhação*, Rio de Janeiro, Record, 1966, p. 22.
[3] Fernando Monteiro, *T. E. Lawrence: morte em um ano de sombra*, Rio de Janeiro, Record, 2000, p. 126.
[4] Malcolm Brown, *Lawrence da Arábia*, Rio de Janeiro, Nova Fronteira, 2008, p. 43.
[5] Henrique M. Fariñas, op. cit., p. 24.
[6] Sua tese foi publicada em 1936, um ano após a morte do autor, com o título *Crusader Castles*.
[7] Malcolm Brown, op. cit., p. 56.
[8] Existe certo consenso a respeito do pequeno poema com o qual Lawrence abre *Os sete pilares da sabedoria*. Crê-se que a dedicatória a "S. A." se refira a Dahoum (Sheik Ahmed).
[9] Douglas Orgill, op. cit., p. 15.
[10] Thomas Edward Lawrence, *Os sete pilares da sabedoria*, São Paulo, Círculo do Livro, s.d., p. 49.
[11] Carl Von Clausewitz (1780-1831): oficial prussiano autor de memorável e extensa obra intitulada *Da Guerra*. Suas ideias exerceram enorme influência no pensamento militar do século XX. Apologista da "guerra absoluta" e da "batalha decisiva" preconizava a subordinação incondicional da estratégia militar à política do Estado nacional. Advogava que o conflito armado é apenas um ato de violência política orientado essencialmente para a destruição total do inimigo. A interpretação literal de seus argumentos levou a uma distorção na conduta da guerra, fazendo do século passado uma ininterrupta e desastrosa sucessão de conflitos.

A Revolta Árabe

O islamismo, terceira grande religião monoteísta, surgiu na península arábica no século VII e se expandiu rapidamente pelo Oriente Médio, Ásia Central, norte da África e península ibérica. A civilização árabe-mulçumana viveu sua "idade de ouro" sob a égide do Califado Abássida (750 a 1258), declinando de forma lenta e gradual em um processo iniciado, ainda, no século X. De sua fragmentação surgiram três grandes impérios islâmicos, a saber: o

Império Turco Otomano, cujo centro do poder encontrava-se no planalto da Anatólia; o Império Safávida na Pérsia (atual Irã) e o Império dos Grão-Mughals na Índia.

Em 1453, ano que marcou o fim da Idade Média, os turcos conquistaram a cidade de Constantinopla, sede do Império Bizantino, e fizeram dela sua nova capital, rebatizando-a com o nome de Istambul. No século XVI, sob a liderança do sultão Suleiman, o Magnífico, o poder otomano atingiu seu ápice. A expansão dos domínios turcos abarcou o norte da África (exceto o Marrocos), o litoral árabe do mar Vermelho, a Palestina, a Síria, a Mesopotâmia, a Anatólia e os Bálcãs. De acordo com o historiador Peter Demant, "o Império Otomano foi o último grande poder muçulmano (mas não árabe) a unificar o Oriente Médio, além de parte da Europa. Viveu três séculos de expansão, seguidos de três séculos de estagnação e encolhimento...".[1]

O longo declínio do Império Turco Otomano foi, em parte, resultado de sua incapacidade de acompanhar as profundas transformações econômicas, científicas, políticas e sociais ocorridas no Ocidente a partir da Idade Moderna. A abertura de rotas comerciais transoceânicas, em particular, contribuiu para sua decadência econômica, enquanto a defasagem tecnológica colocou-o em uma posição desvantajosa na disputa contra as potências industriais. A redução de seu poderio militar foi acompanhada por expressivas perdas territoriais. No início do século XX, o Império Otomano era visto como "o velho enfermo da Europa", cujas crescentes tensões internas, de ordem étnica e religiosa, eram agravadas pelo surgimento dos nacionalismos. Embora o governo de Istambul tenha tentado implementar reformas político-administrativas, elas se revelaram tardias e ineficazes.

Ainda assim, graças à sua localização estratégica, a Turquia imperial não podia ser simplesmente ignorada, pois se colocava no caminho do avanço neocolonialista europeu. Em 1882, os britânicos estacionaram tropas às margens do canal de Suez, a fim de garantir o melhor acesso à Índia, enquanto a Anglo-Persian Oil Company dependia da foz do Shatt al Arab, no golfo Pérsico, para fazer escoar sua produção de petróleo. Os franceses nutriam pretensões políticas e econômicas na Síria, e os alemães, na Mesopotâmia.

Entretanto, a maior inimiga da Turquia continuava sendo a Rússia. Durante séculos, ambos os impérios disputaram o controle dos estreitos de Bósforo e Dardanelos, entre os mares Negro e Mediterrâneo, porquanto a frota russa não dispunha de uma saída para o mar que se mantivesse aberta ao longo de todo o ano. Dessa forma, a Tríplice Entente (aliança celebrada por Londres, Paris e Moscou) constituía uma clara ameaça aos interesses do Estado otomano.

Logo, o governo revolucionário dos Jovens Turcos, instaurado em Istambul no ano de 1908, inclinou-se para a esfera de influência germânica. Em 1913, empreendeu um esforço modernizador, que incluía a participação de uma missão militar alemã, chefiada pelo general Liman von Sanders. Contudo, às vésperas da Primeira Guerra Mundial, o desacreditado Império Otomano possuía poucos aliados e muitos inimigos, todos ávidos para testemunhar sua ruína e saquear seus despojos.

Apesar do agravamento da crise internacional e da iminência de um conflito armado, o governo de Istambul hesitou em alinhar-se com as Potências Centrais. Porém, no dia 3 de agosto de 1914, as autoridades inglesas "requisitaram" duas belonaves turcas que estavam sendo construídas em um estaleiro britânico. Foi a gota d'água! Nessa mesma data, a Turquia assinou o tratado de aliança com a Alemanha e entrou na guerra.

Em janeiro de 1915, avançando pelo Sinai, o exército turco atingiu as proximidades do canal de Suez, sendo rechaçado de volta para a Palestina pelas tropas britânicas posicionadas no Egito. Naquele momento, nenhum dos contendores mostrou-se suficientemente capaz de conduzir uma ofensiva avassaladora, fazendo com que os combates no Oriente Médio permanecessem indefinidos.

Contudo, o envolvimento da Turquia na guerra ofereceu aos árabes insatisfeitos com a dominação otomana a oportunidade de aderirem à causa nacionalista. Segundo Peter Demant, "o nacionalismo infectou tarde [o Império Otomano] – mas, quando chegou, inviabilizou a convivência turco-árabe".[2]

Impregnado do seu próprio nacionalismo, o governo revolucionário em Istambul se empenhou em erradicar os outros componentes étnicos da administração do Estado otomano, afastando ainda mais os funcionários árabes dos círculos do poder. Agindo dessa forma, contribuiu para que seus súditos também se apegassem ao vago projeto de uma pátria pan-árabe.

Embora existissem sociedades secretas conspirando, havia algum tempo, contra o governo central turco, elas não possuíam uma sólida base de apoio popular, muito menos a capacidade de congregar os diversos nichos de poderes locais em torno de um ideal de liberdade comum. A única liderança apta a fazê-lo deveria ter, necessariamente, como fonte de seu prestígio o islamismo – o mais importante traço de uma identidade cultural compartilhada de Meca a Damasco. Apenas a religião fundada por Maomé poderia tornar legítima a autoridade reivindicada em nome de um mal formado e indefinido sentimento nacionalista.

Do ponto de vista muçulmano, a dinâmica social, o poder político e o exercício da fé constituem partes indissociáveis de um todo harmonioso. Portanto, o caráter secular do governo dos Jovens Turcos subvertia a concepção hierárquica islâmica. Ao destronar o velho sultão, os revolucionários, em Istambul, subtraíram parte da moralidade da "Porta Sublime" (como era conhecida a corte do Império Otomano). Cometeram um erro ainda maior mandando de volta para casa o xarife da cidade sagrada de Meca, que, por quase duas décadas, foi mantido, contra a sua vontade, como "hóspede" do sultão.

Hussein ibn Ali pertencia à tribo dos hachemitas, a mesma do profeta Maomé. Sua família detinha o poder temporal em Meca antes mesmo do advento do Islã. Quando o governo otomano solicitou-lhe que proclamasse uma "guerra santa" contra a Tríplice Entente, Hussein recusou-se a fazê-lo, alegando que a Turquia aliara-se à Alemanha, um país não muçulmano. Aos olhos do grande xarife,

> os Jovens Turcos não passavam de ímpios violadores de seu credo [...] traidores do espírito dos tempos e dos interesses mais elevados do islã. Embora fosse um velho de 65 anos, estava determinado a travar uma guerra contra eles.[3]

Hussein ibn Ali, xarife de Meca e líder da insurreição no Hejaz.

Sobretudo depois que lorde Kitchener, secretário de Estado britânico para a guerra, insinuou reconhecimento político em troca de uma possível aliança militar contra o inimigo comum, o decrépito Império Otomano.

Cônscio de sua posição dentro do mundo muçulmano, Hussein não hesitou em assumir a liderança de um amplo movimento de independência, abstendo-se de fazê-lo em nome da fé, pois sua motivação possuía autêntico cunho nacionalista. Naturalmente, alguns círculos sediciosos na Síria e na Mesopotâmia viam com reserva a supremacia hachemita no processo de autodeterminação árabe. Afinal, o velho Hussein esperava que, após livrar-se da sujeição turca, sua família protagonizasse a "nova ordem", mantendo-se na chefia de um grande Estado soberano.

A importância dada aos laços de sangue na tradição árabe não pode ser subestimada. Durante o período em que foi obrigado a permanecer em Istambul, Hussein assegurou a seus quatro filhos (Ali, Abdulla, Faissal e Zeid) uma educação de qualidade e, no momento decisivo, pôde contar com eles para levar adiante os planos de uma revolta. Atribuiu-lhes papéis importantes no movimento sedicioso e deu início à conspiração. Enviou Ali, o filho mais velho, à cidade sagrada de Medina, a fim de recrutar voluntários que se predispusessem a combater em nome do xarife de Meca, devendo fazê-lo sem atrair a atenção das tropas turcas que guarneciam a cidade. Para encobrir seu verdadeiro propósito, Ali simulou estar comprometido com a causa otomana, afirmando que seus soldados destinavam-se à luta contra os "infiéis". Abdulla foi responsável por contatar os ingleses no Egito, primeiro por carta e depois pessoalmente, com o intuito de angariar-lhes o apoio. Faissal deveria ligar-se com as organizações clandestinas e os focos de conspiração localizados na Síria e na Mesopotâmia, enquanto mantinha relações cordiais com o despótico Jemal Pasha, representante do governo otomano em Damasco. A despeito das desconfianças turcas, o grau de sigilo mantido foi satisfatório, assegurando o progresso das iniciativas de Hussein. Em breve, a luta deveria irromper no Hejaz, porção ocidental da península arábica que se debruça sobre o mar Vermelho, onde se encontram as cidades santas de Meca e Medina – berço do islamismo.

A PENÍNSULA ARÁBICA

A peregrinação a Meca, conhecida como *hadj*, constitui um dos cinco pilares do credo islâmico. Todo muçulmano saudável e que disponha dos recursos necessários deve realizá-la ao menos uma vez na vida. A construção da ferrovia do Hejaz, com seus 1.400 km entre Damasco e Medina, permitiu aumentar substancialmente o número de viajantes estrangeiros. Porém, com o início da Grande Guerra, as peregrinações foram interrompidas, gerando descontentamento, mesmo porque o *hadj* sempre foi uma importante fonte de receita local. As campanhas contra a Tríplice Entente degradaram a capacidade repressiva turca, ao mesmo tempo que permitiam aos árabes celebrar, a bom termo, um acordo com os Aliados. Portanto, na avaliação de Hussein, chegara o momento.

Quando Faissal retornou em segurança de Damasco, em junho de 1916, ergueram-se os estandartes da revolta. Meca e o porto de Jeddah caíram facilmente em mãos rebeldes. Abdulla derrotou o governador-geral da província próximo à aldeia de Taif, a sudeste de Meca. Entretanto, mais ao norte, Fakhri Pasha, comandante do 12º Corpo de Exército estacionado em Medina, não se rendeu e um ataque prematuro dos insurretos foi repelido. A cidade permaneceu como último grande baluarte inimigo na região, representando o limite meridional das linhas turcas. Porém, a sobrevivência de sua guarnição dependia dos reforços e dos suprimentos enviados do norte pela ferrovia do Hejaz, que ainda se mantinha em funcionamento.

Hussein proclamou a existência de um Estado árabe, atribuindo a Aziz el Masri, ex-coronel do exército otomano, a responsabilidade por organizar um exército nacional regular. Os portos do mar Vermelho que se encontravam sob o controle dos revoltosos foram abertos aos navios aliados. Os ingleses no Egito imediatamente estabeleceram ligações com o governo rebelde. O coronel C. E. Wilson foi enviado para Jeddah, a fim de exercer as funções de oficial de ligação junto ao grande xarife. O coronel Parker deveria permanecer junto ao emir Ali, em Rabegh. Os franceses fizeram o mesmo, destacando uma missão militar sob o comando do coronel Bremond, também em Jeddah.

CAPITÃO LAWRENCE:
"MUITO LONGE DE DAMASCO"

Enquanto isso, bem distante dos horrores do *front*, no quartel-general no Cairo, Lawrence, promovido ao posto de capitão, acompanhava atento aos acontecimentos no Hejaz. Ele era apenas um oficial de gabinete, cujas tarefas se limitavam a confeccionar mapas e descrever a "ordem de batalha do inimigo", assinalando a localização das unidades turcas. Decerto, não era o tipo de trabalho capaz de satisfazer seu intelecto. Portanto, refletia intensamente acerca das perspectivas políticas e estratégicas da campanha aliada no Oriente Médio, condenando os rumos que tomava. Com seu conhecimento de história e suas andanças pelo Levante, formulou a crença de que a melhor maneira de derrotar a Turquia não era irrompendo as fronteiras do Império Otomano com poderosas ofensivas militares, e sim fomentando as dissensões internas. Preconizava que os esforços despendidos pelas potências europeias para se estabelecerem no Oriente Próximo haviam sido sempre desastrosos e alertava para os riscos de se tentar marchar como conquistador sobre o solo sagrado do Islã. Advogava que primeiro era necessário apoiar as iniciativas árabes por soberania e autodeterminação para depois avançar como "libertador". Acreditava que, agindo dessa forma, o sucesso seria natural e inevitável. Com isso, esperava que uma grande nação árabe se erguesse das ruínas do Império Otomano, dando "um rumo construtivo" à campanha aliada no Oriente Médio.

O capitão Lawrence não era o único a pensar desse modo. Ele fazia parte do pequeno e seleto grupo de funcionários que orbitava em torno da liderança do brigadeiro Gilbert Falkington Clayton, chefe do serviço secreto de informações no Egito. Eram civis e militares que, ao contrário dos mais céticos, acreditavam que valia a pena apostar no nacionalismo árabe como uma forma de ajudar a Inglaterra a vencer a guerra.

Mas, a despeito da existência de ideias menos ortodoxas, prevaleciam os velhos dogmas da confrontação militar direta. Do outro lado da península arábica, o exército britânico investiu contra a Mesopotâmia, supondo uma vitória fácil e rápida. Com tropas reunidas na Pérsia, os ingleses atacaram a cidade de Basra, às margens do Shatt al Arab – o curso d'água formado pela confluência dos rios Tigre e Eufrates. Em seguida, avançaram para o norte, rumo a Bagdá. Porém, em virtude da resistência apresentada pelos turcos, a ofensiva perdeu seu ímpeto e as forças comandadas pelo general Townshend acabaram cercadas, em 7 de dezembro de 1915, na localidade de Kut el Amara.

Lawrence recebeu a incumbência de viajar para a "terra dos dois rios", a fim de tentar negociar a suspensão do sítio às unidades britânicas. O fato de seus superiores haverem atribuído uma missão tão delicada a um oficial intermediário faz crer que Lawrence tenha adquirido certo grau de respeitabilidade. Todavia, seus esforços foram em vão. Os turcos rejeitaram a oferta inglesa, deixando Townshend e seus dez mil homens à míngua de suprimentos. Sem alternativas, no dia 29 de abril de 1916, eles se renderam e marcharam para o cativeiro.

Ao regressar ao Cairo, Lawrence confeccionou um relatório censurando o uso da estratégia direta pelos ingleses na Mesopotâmia. Depois da guerra ele escreveria:

> As condições eram ideais para um movimento árabe [...] As tribos do Hai e do Eufrates teriam passado para o nosso lado, se tivessem recebido qualquer promessa de apoio dos britânicos [...] muitos guerreiros locais teriam se juntado a nós, em número suficiente para romper a linha de comunicações turca entre Bagdá e Kut [el Amara].[4]

Na verdade, Lawrence desprezava a capacidade do comandante britânico, general Archibald Murray, cujo estado-maior não dispunha de "conhecimentos etnológicos necessários para conduzir um problema tão delicado".[5] Por esse motivo, articulou sua transferência para o Serviço Árabe do Departamento do Exterior, uma agência de planejamento e informações destinada a assessorar o alto-comissário no Egito, *sir* Henry McMahon.

McMahon foi o responsável pelas negociações que terminaram com a garantia de apoio ao movimento sedicioso de Hussein. Embora o governador-geral do Sudão Anglo-Egípcio, general *sir* Reginald Wingate, aprovasse o envolvimento britânico com os rebeldes árabes, McMahon não conseguiu convencer os militares no Cairo que lhes seria útil agregar forças nativas à campanha em curso. Particularmente, o general Murray e seu chefe de estado-maior, general Lynden Bell, viam com muito descrédito a aliança com o Hejaz. A relutância dos dois oficiais tornou-se ainda maior depois que tomaram conhecimento das reais condições em que se encontravam os rebeldes.

Após os sucessos iniciais em Meca, Jeddah e Taif, a insurreição cristalizara-se. Medina permanecia em poder dos turcos e Hussein não poderia capturá-la tão cedo, pois suas forças estavam desorganizadas, carecendo de toda sorte de suprimentos, sobretudo material bélico. Muitos oficiais ingleses supunham que, se continuasse assim, os turcos seriam capazes de debelar a revolta em pouco tempo ou ela definharia por si só, corrompida pela falta de coesão interna.

As divergências entre McMahon e Murray apenas reproduziam a dificuldade de consenso entre os enfoques político e militar de uma mesma questão – problema comum nos idos da Primeira Guerra Mundial. Seria necessário encontrar uma solução que, embora contribuísse para alcançar uma vitória militar imediata, se mantivesse focada em objetivos políticos mais relevantes e de longo prazo.

A fim de avaliar *in loco* a situação dos revoltosos, Ronald Storrs, secretário de assuntos orientais da Agência Britânica no Egito, foi enviado a uma conferência com o emir Abdulla em Jeddah. Lawrence foi incluído no grupo que o acompanharia, mas, apesar de todo o seu interesse, não ocupava nenhuma função de destaque. Era pouco mais que um mero observador. Em outubro de 1916 (quatro meses após o início da revolta), Storrs e sua comitiva atravessaram o mar Vermelho a bordo do Lama e desembarcaram no Hejaz. Depois de serem recebidos pelo coronel Wilson, oficial de ligação britânico, encontraram-se com o emir.

Abdulla era o segundo filho de Hussein. Tinha, à época, 35 anos. Era um homem inteligente, sagaz, e, portanto, um hábil político. De acordo com o próprio Lawrence, "sua ambição era evidente [...]. Seu objetivo era conquistar a independência árabe e propiciar o surgimento das nações árabes. Mas tencionava manter o comando dos novos Estados na família".[6] O tempo seria testemunha de sua perspicácia.

Durante a reunião com a comitiva de Storrs, Abdulla formulou uma série de reivindicações em nome de Hussein. Ele solicitou o envio imediato de provisões, canhões e metralhadoras. Queixou-se de que os ingleses não haviam interrompido o fluxo de suprimentos pela ferrovia do Hejaz, permitindo à guarnição turca, em Medina, receber reforços e mantimentos. Por fim, insistiu no envio de uma brigada britânica, se possível, constituída apenas por soldados muçulmanos.

Storrs se comprometeu a encaminhar os pedidos do emir ao quartel-general no Cairo. Entretanto, sua visita à Arábia tinha outro propósito. Ele deveria realizar uma análise das perspectivas, carências e potencialidades da sublevação no Hejaz, a fim de retransmitir suas impressões aos seus superiores no Egito. Para os ingleses se envolverem na revolta, com maior ou menor intensidade, era necessário, primeiro, obter uma clara consciência situacional, não somente em termos materiais, mas também em termos dos recursos humanos disponíveis, incluindo as lideranças do movimento. Nesse sentido, em particular, Storrs confiou no jovem capitão que o acompanhava.

Hussein era visto como o líder natural da revolta, pois gozava da autoridade e do prestígio que a herança religiosa lhe outorgava. Porém, se ressentia da idade avançada e, por vezes, se mostrava muito intransigente. Também, não possuía discernimento tático ou suficiente conhecimento militar, atributos importantes para alguém que propunha levar adiante uma rebelião. Seu filho, Abdulla, era dotado das melhores virtudes de um estadista, mas faltava-lhe o carisma e a energia para comandar guerreiros em campanha. Para Lawrence, "Abdulla era equilibrado demais, controlado demais e bem-humorado demais para ser um profeta, especialmente um profeta armado, do tipo que fazia revoluções".[7]

A REVOLTA ÁRABE 49

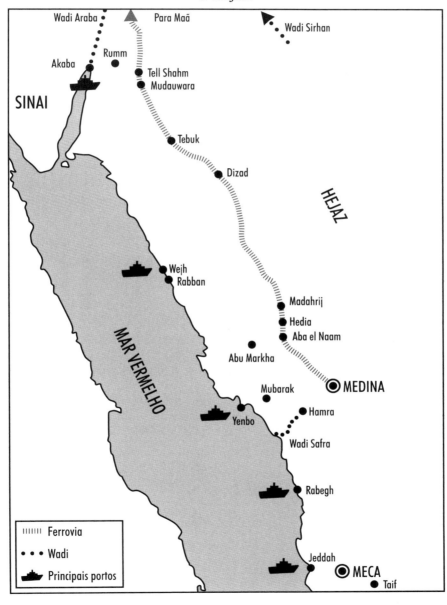

O HEJAZ

Portanto, pelo que tinha visto até aquele momento em Jeddah, Storrs supôs que a liderança dos revoltosos era falha. Acreditando que somente a família de Hussein seria capaz de manter coeso o movimento rebelde, ele insistiu para que o capitão Lawrence fosse recebido pelos outros três filhos do grande xarife. Depois de obter autorização para percorrer a província sagrada do Islã, Lawrence seguiu de navio para o norte, com destino a Rabegh, deixando para trás a comitiva britânica. Sua missão era encontrar um líder "com o fogo necessário e com razão suficiente"[8] para fazer triunfar a insurreição.

Em Rabegh, voluntários haviam sido recrutados e estavam recebendo treinamento nos moldes convencionais para constituírem uma força regular. Encontravam-se sob o comando de Ali, filho mais velho de Hussein. Zeid, o caçula, acompanhava o irmão, juntamente com o coronel Parker, oficial de ligação britânico. Ali deixou uma boa impressão em Lawrence, mas não a ponto de empolgá-lo. Sua saúde, debilitada pela tuberculose, impedia-o de ser o grande protagonista da independência árabe. Zeid, por sua vez, era muito novo e, portanto, imaturo. Além disso, tinha o inconveniente de ser filho de mãe turca. Restava apenas o emir Faissal.

Lawrence foi ao seu encontro no acampamento do *wadi* Safra,[9] em Hamra. O caminho até lá era perigoso. Salteadores importunavam os estrangeiros, enquanto o calor inclemente os torturava. Por precaução, Ali destacou dois guardas para prover segurança ao oficial britânico, determinando que iniciassem a viagem protegidos pela escuridão da noite. Ele sugeriu que Lawrence utilizasse um turbante e um manto sobre o uniforme cáqui, a fim de chamar menos atenção. Mas, apesar dos cuidados, Ali estava visivelmente contrariado por ver um cristão adentrar as terras sagradas do Islã com a aquiescência do próprio pai, o xarife de Meca.

Após o crepúsculo, os três homens iniciaram uma jornada de dois dias até o acampamento de Faissal. Desacostumado às agruras do deserto e à sela do camelo, Lawrence experimentou o rigor dos deslocamentos na Arábia. Mas seu esforço foi recompensado, pois encontrou no terceiro filho de Hussein o líder inspirador que tanto procurava.

Para o capitão Lawrence, Faissal era dotado de carisma, inteligência e determinação suficientes para conduzir a insurreição no Hejaz e espalhá-la pelas regiões da Palestina, Síria e Mesopotâmia. Era um homem sensato, conciliador e justo. Possuía as habilidades políticas de um diplomata combinadas com as aptidões de um comandante tático. Assim, Lawrence tornou-se convicto de que a ajuda inglesa produziria o efeito desejado, desde que Faissal fosse devidamente patrocinado.

Com o intuito de instigá-lo, na primeira oportunidade Lawrence insinuou suas metas estratégicas para uma campanha que, até aquele momento, pouco prosperara. Quando Faissal lhe perguntou se havia gostado do acampamento no wadi Safra, Lawrence astutamente respondeu: "Gostei, mas fica longe de Damasco."

Todos os presentes se surpreenderam com tamanha ousadia. A libertação do Hejaz os levaria também à conquista da Síria? Decerto, os líderes da insurreição já haviam formulado um juízo a esse respeito. Entretanto, a meta supostamente compartilhada por um oficial britânico, além de pretensiosa, deixava implícita a aprovação do governo inglês. Mas Faissal era ponderado e, nos dias subsequentes, deixou claro que, embora estivesse esperançoso com a ajuda britânica, não estava disposto a se sujeitar aos ditames de Londres, pois não esperava, com a Revolta Árabe, simplesmente substituir a dominação otomana pela dominação inglesa. Afirmou que, ao celebrar uma aliança com uma potência europeia, o desequilíbrio de poder entre as partes seria um grande inconveniente para o seu povo.

Durante esse "contato inicial", Lawrence pôde avaliar não apenas Faissal, mas também os líderes locais que o acompanhavam. Ao longo de dez dias, escutou atento suas aspirações e seus pontos de vista. Ouviu bem mais do que falou. Procurou estudar a índole e as convicções dos chefes tribais reunidos em Hamra, impressionando-se com a compreensão de política nacionalista por eles demonstrada. Percorreu o acampamento levantando as necessidades materiais do "exército" rebelde, enquanto observava o estado de espírito do grupo heterogêneo de homens que o compunha.

Faissal forneceu-lhe uma descrição pormenorizada do malfadado e prematuro ataque contra Medina. Em seguida, narrou seu plano para capturá-la, marchando de quatro direções convergentes. Porém, Lawrence convencera-se de que os membros das tribos do deserto não deveriam integrar uma tropa regular, pois a obediência à ordem e à disciplina militar opunha-se à natureza anárquica dos guerreiros do Hejaz. Ao contrário, deveriam constituir uma força de guerrilha, destinada a complementar, auxiliar e apoiar as operações de unidades convencionais formadas por voluntários das cidades da Síria e da Mesopotâmia.

Concluída sua permanência em Hamra, Lawrence regressou ao Cairo, feliz por haver conhecido alguém realmente capaz de expulsar os turcos da península arábica e, desse modo, contribuir com o esforço de guerra britânico. Aproveitou sua viagem de retorno para confeccionar o relatório da missão, apresentando-o a seus superiores no Egito.

Lawrence era incisivo em suas ideias, sabia fundamentá-las sobre argumentos consistentes e, sobretudo, sabia como colocá-las no papel, impressionando quem as lesse. Seu "violento memorando" sobre a sublevação no Hejaz foi encaminhado pelo brigadeiro Clayton ao general Murray, causando grande impacto no comando britânico, não pela riqueza de detalhes com que descrevia a situação dos revoltosos, mas sim pela avaliação pessoal que fazia das perspectivas do conflito. Não se limitou apenas a apresentar dados e informações técnicas, algo a se esperar de um jovem capitão. Acrescentou aspectos políticos e estratégicos que influenciariam de forma objetiva as decisões britânicas subsequentes.

Até aquele momento, o apoio aliado à insurreição de Hussein havia se restringido a uma série de iniciativas mal coordenadas, que não faziam parte de nenhum planejamento estratégico, operacional e tático mais amplo. É verdade que, desde o início da revolta, carregamentos de armas, munição, explosivos e outros suprimentos haviam chegado à Arábia, juntamente com alguns oficiais de ligação, assessores militares e intendentes, que nominalmente constituíam a "Força do Hejaz". Certa quantidade de ouro foi fornecida a Meca, com o intuito de subsidiar os custos da campanha, sobretudo para

Emir Faissal ibn Hussein al-Hashimi, terceiro filho do xarife de Meca e o principal comandante militar da Revolta Árabe.

pagar a lealdade de xeques ambiciosos e o soldo da tropa. Voluntários foram arrebanhados entre os prisioneiros de guerra que os aliados mantinham sob sua custódia. Navios fundeados no mar Vermelho e aeroplanos já haviam proporcionado algum apoio de fogo às hordas rebeldes. Entretanto, não existia consenso a respeito dos rumos que a revolta deveria seguir. Muitos não acreditavam que o movimento de independência árabe pudesse, de fato, oferecer alguma contribuição significativa para a campanha militar inglesa em curso no Oriente Médio.

Inicialmente, as questões políticas afetas à revolta eram tratadas por *sir* Henry McMahon, no Egito, enquanto o general Reginald Wingate, no Sudão, cuidava de seus aspectos militares. Porém, Londres determinou o regresso do primeiro para a Inglaterra e a transferência do segundo para o Cairo. Wingate, um entusiasta da Revolta Árabe, advogava o envolvimento direto dos Aliados, por meio do envio de tropas para lutar no Hejaz. Já havia destacado uma subunidade de artilharia constituída por soldados egípcios para reforçar Faissal. Agora, estava disposto a fornecer uma brigada de combate completa, conforme solicitara o emir Abdulla a Ronald Storrs, durante a reunião ocorrida, em outubro, na cidade de Jeddah. Essa ideia também era firmemente defendida pelo coronel Bremond, oficial de ligação francês, que se mostrava ansioso para desfraldar a bandeira de seu país em solo árabe.

Todavia, o comandante das forças britânicas no Oriente Médio era de opinião contrária. Desde o princípio, o general Murray, um soldado conservador, mostrava-se relutante em apoiar os projetos ligados às tribos do deserto. Em Londres, o chefe do Estado-Maior Imperial, *sir* William Robertson, igualmente desaprovava qualquer aventura na península arábica que necessitasse empenhar unidades britânicas, indispensáveis em outras frentes de batalha.

Dentro desse contexto, o relatório apresentado por Lawrence foi muito bem-recebido pelo estado-maior no Cairo. Ironicamente, o teor do documento elaborado pelo jovem oficial ia ao encontro do pensamento do general Murray, desaprovando categoricamente o envio de tropas anglo-francesas para lutar no Hejaz. Lawrence demonstrou que uma brigada posicionada em Rabegh seria inútil, pois não impediria que os turcos, em Medina, desbordassem-na e avançassem contra Meca. Se algo tornava impraticável ao inimigo marchar para o sul, era a ameaça que pairava sobre seu flanco direito, em virtude da existência de tropas acampadas em Hamra sob o comando de Faissal. De acordo com a sua avaliação, a conjuntura na Arábia era bastante favorável. Os rebeldes não necessitavam de exércitos ocidentais vencendo a guerra por eles. Ao contrário, bastava ampliar e aprimorar o programa de assistência especializada, com o envio de mais oficiais britânicos tecnicamente capazes e fluentes no idioma nativo.

Lawrence também fez uso do seu relatório para atacar diretamente o coronel Bremond, acusando-o de almejar vantagens pessoais. Entretanto, sua verdadeira intenção ao denegri-lo era solapar os escusos interesses franceses sobre a Síria – algo que temia, embora estivesse cada vez mais certo de que a própria Inglaterra não honraria os compromissos assumidos com os árabes.

Graças à boa impressão causada por suas ideias, especialmente a objeção ao envio de tropas ao Hejaz, Lawrence foi designado "conselheiro" britânico junto às forças de Faissal. Em dezembro de 1916, Clayton enviou-o de volta à Arábia.

O CONSELHEIRO DE FAISSAL

Muitos outros militares britânicos (oficiais e sargentos) já se encontravam entre os insurretos, ensinando-lhes as modernas táticas de combate e instruindo-os no manejo de armamentos, munições e explosivos. Foi com um deles, o capitão Garland, que o "principiante" Lawrence aprendeu a dinamitar ferrovias. Entretanto, o novo conselheiro de Faissal possuía um entendimento mais amplo acerca de sua missão. Seu trabalho deveria ir além do mero fornecimento de assessoria técnica. Exigiria bem mais do que a simples fluência no idioma árabe. Afinal de contas, qualquer um poderia ensinar civis a atirar com metralhadoras. Sua nova função envolveria aptidões específicas para tratar de temas complexos como as relações interculturais, por exemplo. Lidaria com pessoas de outro credo, que cultuavam outros valores e que possuíam outras motivações. Ainda assim, deveria ser capaz de conduzi-las, por meio de seus verdadeiros líderes. Para tanto, seria obrigado a influenciar, persuadir e, quando necessário, manipular os inúmeros chefes tribais que haviam se comprometido com a revolta. Embora não fosse um soldado profissional, também deveria orientá-los na aplicação das ciências militares. Tudo isso sem perder de vista os objetivos políticos e estratégicos da Grã-Bretanha. Era uma nova missão, repleta de novos desafios – algo que parecia não lhe agradar:

> [...] o dever de comandar homens, de orientá-los para qualquer propósito era duplamente difícil para mim. Aquele não era o meu ambiente, não estava acostumado à técnica. Era o contrário de um soldado, pois detestava a vida militar. Claro que eu já lera os livros usuais (até demais), Clausewitz e Jomini, Mahan e Foch, estudara as campanhas de Napoleão e as táticas de Aníbal, sem falar das guerras de Belizário, como todos os outros estudantes de Oxford. Mas nunca pensara em mim como um autêntico comandante, compelido a empreender uma campanha por conta própria.[10]

Lawrence desembarcou no porto de Yenbo e partiu ao encontro do emir na aldeia de Mubarak. A situação beirava o caos. Fakhri Pasha, comandante da guarnição turca em Medina, tomara a iniciativa, determinando um ataque contra as posições árabes mais avançadas. Zeid quase fora capturado e o próprio Faissal corria o risco de ser flanqueado. Todas as tentativas de se anteporem à manobra inimiga fracassaram em virtude da incapacidade dos rebeldes de combater de forma ordenada empregando grandes efetivos. O perigo era eminente. Assim, Faissal determinou o retraimento para Yenbo, onde cinco navios de guerra britânicos acorreram para proporcionar-lhe apoio de fogo, se necessário.

Observadores avançados foram posicionados no minarete da mesquita, a fim de conduzir os tiros dos canhões navais com maior precisão. Durante

Faissal lidera seu exército na aproximação de Yenbo.

a noite, os holofotes das embarcações vasculhavam o terreno em busca da silhueta da infantaria turca. Sem perda de tempo, os rebeldes iniciaram a preparação de suas defesas, lançando arame farpado, instalando ninhos de metralhadoras e reparando a velha muralha da cidade, enquanto as tripulações embarcadas aguardavam prontas para, ao menor sinal do inimigo, desencadear suas salvas mortais.

Todavia, as unidades turcas também se ressentiam de sérios problemas logísticos. Não poderiam arcar com os custos de um sítio prolongado ou ousar um assalto, sobretudo diante da imponente presença da flotilha inglesa. Dessa forma, Fakhri Pasha retornou para as cercanias de Medina, depois de haver estado tão perto de uma vitória decisiva.

Medina tornara-se quase uma obsessão. Tanto os britânicos quanto os árabes acreditavam que sua captura era o pré-requisito tático para qualquer avanço significativo rumo ao norte, na direção da Palestina ou da Síria. Portanto, ela era vista como o próximo grande objetivo militar da campanha no Hejaz. Sua conquista possuía também um grande apelo psicológico. Depois de Meca, Medina (antiga Yatribe) é a cidade mais importante do Islã. Seu nome significa "a cidade do profeta", pois foi nela que, durante a hégira ou período da emigração, Maomé se refugiou em 622 d.C. – ano que marca o início do calendário muçulmano. Portanto, persistia certo consenso acerca da necessidade irrefutável de tomá-la dos turcos. Apenas o coronel Bremond acreditava que os árabes não deveriam atacá-la, assegurando que não seriam capazes de fazê-lo a contento. O oficial francês insistia para que essa tarefa fosse atribuída a uma força expedicionária aliada.

De fato, os últimos acontecimentos haviam demonstrado que os revoltosos ainda não estavam prontos para travar grandes batalhas de atrito. Embora seus efetivos fossem consideráveis, em termos práticos, não passavam de uma profusão de tribos. Faissal possuía cerca de cinco mil guerreiros reunidos em Yenbo. Abdulla encontrava-se acampado a leste de Medina com aproximadamente quatro mil árabes. O emir Ali contava com sete mil homens, sendo dois mil fardados, constituindo o exército regular organizado e treinado por Aziz el Masri. O armamento de que dispunham (capturado dos turcos ou fornecido pelos aliados) estava obsoleto, sobretudo os poucos canhões existentes. Porém, sua maior deficiência era o comando e controle em combate, algo tão precário que inviabilizava a execução de uma manobra ofensiva ou defensiva de maior envergadura.

Cônscio de que o grande ataque a Medina deveria ser postergado, o coronel Wilson sugeriu a Faissal que avançasse para o norte e conquistasse o porto de Wejh. Sua captura permitiria aos árabes retomar a iniciativa, proporcionando-lhes uma base de operações segura. A partir de Wejh, os revoltosos poderiam interditar o fluxo de homens e suprimentos pela ferrovia do Hejaz, tornando crítica a situação logística em Medina. E o mais importante: deixaria a retaguarda de Fakhri Pasha sob permanente ameaça, impedindo-o de tentar lançar uma derradeira ofensiva contra Meca.

Enquanto eram reunidos mais guerreiros e tomadas outras providências para o ataque a Wejh, Lawrence permanecia ao lado de Faissal, apreciando sua sábia liderança e aprendendo com ele a melhor forma de manejar os xeques árabes, pois os destinos da insurreição dependiam da frágil aliança entre as tribos. Atento às idiossincrasias culturais, aceitou de bom grado a sugestão do próprio emir para que usasse vestes nativas. Faissal não desejava mais ver o capitão britânico confundido com um oficial turco e, portanto, ofertou-lhe um belo traje nupcial branco. Além disso, as roupas ocidentais não eram adequadas ao clima quente e seco do deserto. A partir desse momento, Lawrence abandonou o uniforme cáqui que, na verdade, nunca lhe caíra bem – quando fardado, ele sempre se destacara pela aparência relapsa e pela absoluta ausência de marcialidade.

Ele não tinha a pretensão de se passar por um árabe, algo que sabia ser impossível. Mas, em prol de sua missão, assumiu os riscos de romper os limites seguros de sua própria identidade cultural. Embora atraísse a reprovação de muitos oficiais conservadores, via no uso de trajes nativos um artifício destinado a reduzir o abismo que o separava daqueles com quem convivia cotidianamente. Observando os chefes tribais, Lawrence concluiu: "eles me ensinaram que nenhum homem pode se tornar um líder autêntico se não comer a mesma comida, se não vestir as mesmas roupas, se não viver da mesma forma que seus homens, ainda assim, parecendo ser melhor".[11]

No dia 2 de janeiro de 1917, sete meses após o início da sublevação no Hejaz, Lawrence participou de sua primeira ação de combate, acompanhando um pequeno destacamento de guerreiros árabes – 35 homens ao todo. Eles se aproximaram de um posto avançado turco, desmontaram de seus camelos e tomaram posições de tiro nas fendas das rochas, limitando-se a inquietar o inimigo com alguns disparos realizados a longa distância. Foi o bastante para causar alvoroço e correria entre os oponentes. Sem perder tempo, romperam o contato e se retiraram, levando, ainda, dois desafortunados prisioneiros, capturados ao acaso, para serem interrogados.

Na manhã seguinte, Faissal iniciou o movimento na direção norte para capturar Wejh. Seria a maior operação militar realizada pelos rebeldes até então. O plano era simples e audacioso. Dez mil homens liderados pelo emir marchariam cerca de 320 km pelo deserto e atacariam a cidade pela retaguarda, enquanto a marinha inglesa asseguraria o desembarque de uma pequena **força-tarefa** anfíbia árabe, proporcionando o transporte necessário e todo o apoio de fogo naval disponível no mar Vermelho. Com o intuito de auxiliar o deslocamento terrestre, seria instalado um posto logístico intermediário, ao sul de Wejh. Para tanto, o *HMS Hardinge* desembarcaria suprimentos em Habban, sobretudo, água para saciar a sede dos homens e dos animais. A manobra envolveria um risco significativo, pois Yenbo ficaria praticamente desguarnecida, após a partida de Faissal. Se os turcos percebessem a oportunidade, poderiam capturá-la quase sem luta, lançando um ataque a partir de Medina.

O tenente-coronel Stewart Newcombe, chefe da expedição de mapeamento realizada na península do Sinai antes da guerra, juntou-se ao capitão Lawrence na marcha para Wejh. Ambos eram velhos conhecidos, possuíam muita afinidade, compartilhavam ideias em comum e, portanto, formavam uma boa equipe. O mesmo não aconteceu com outro oficial britânico designado para acompanhar o ataque de Faissal, o artilheiro Vickery. Lawrence condenou-o pela ótica restrita que o impedia de enxergar todas as possibilidades oferecidas pelo movimento de independência árabe. Em contrapartida, Vickery julgou-o um fanfarrão em vestes beduínas. Newcombe permaneceu com a coluna rebelde durante todo o deslocamento terrestre, mas Vickery foi se juntar à força de desembarque anfíbia.

Durante a marcha, o xarife Nasir de Medina apareceu para engrossar as fileiras de Faissal. Era um homem extraordinário, não só por suas virtudes, mas também por sua estirpe. Nasir descendia da família de Ali, o último dos quatro "califas bem guiados" – primeiros sucessores do profeta Maomé. Era, portanto, xiita ("partidário de Ali"). Hussein e seus filhos eram sunitas, assim como a maioria dos árabes muçulmanos. Desse modo, o ideal nacionalista embutido na revolta do Hejaz mostrava-se capaz de se sobrepor à histórica divisão do mundo islâmico. Nasir havia sido responsável pelo primeiro tiro da insurreição e, em breve, também seria o responsável pelo último disparo realizado na Síria.

Embora as condições meteorológicas tenham ajudado a marcha para Wejh, o enorme efetivo de Faissal provocou um atraso de dois dias. Enquanto seus homens eram reabastecidos em Habban, Vickery desencadeou, com sucesso, o assalto anfíbio, em 25 de janeiro de 1917. Graças ao vigoroso apoio de fogo naval oferecido pela Marinha Real inglesa, a conquista da cidade custou a vida de apenas duas dezenas de árabes. Lawrence censurou a iniciativa de Vickery, alegando que até mesmo essas mortes poderiam ter sido evitadas, se o oficial britânico se mantivesse fiel ao planejamento inicial, realizando uma ação coordenada entre as forças de terra e de mar.

Depois de bombardeada, Wejh foi saqueada. A fim de restabelecer a normalidade, Faissal nomeou seu enérgico ajudante de ordens, Maulud el Mukhlus, "governador da cidade". Assim, o emir pôde instalar seu novo posto de comando em um aprazível vale, distante cerca de 1,5 km da praia. Os rebeldes contavam, também, com uma estação telegráfica fornecida pelos seus patrocinadores britânicos. Não tardou para que Newcombe e Garland se oferecessem para acompanhar pequenos grupos de beduínos em incursões e sabotagens contra a ferrovia.

Os turcos, que não haviam notado a manobra de Faissal, ficaram alarmados com a queda de Wejh. A partir daquele momento, as unidades estacionadas em Medina sob o comando de Fakhri Pasha corriam o risco iminente de cerco, enquanto a ferrovia do Hejaz estaria permanentemente ameaçada. Diante da gravidade da situação, Jemal Pasha, na Síria, mostrou-se predisposto a determinar o retraimento das tropas turcas para o norte, abandonando a cidade santa. Como medidas emergenciais, foram organizadas duas "forças mistas". A primeira em Maã, com efetivo de sete mil militares, e a segunda em Tebuk, com cinco mil homens. Porém, seus soldados acabaram dispersos em destacamentos menores, incumbidos de proteger a estrada de ferro. Era, enfim, uma postura absolutamente defensiva, que outorgava aos rebeldes a posse permanente da iniciativa.

No Cairo, a notícia da captura de Wejh foi recebida com muito entusiasmo pelo quartel-general britânico. Depois de meses de descrédito, os céticos se viram obrigados a reavaliar o mau juízo que haviam formulado acerca da Revolta Árabe. O próprio general Murray admitia, agora, que os comandantes turcos, para fazer frente aos insurretos no Hejaz, estavam reduzindo o número de tropas empenhadas contra o exército britânico na

Palestina. Por esse motivo, estava temeroso de que Jemal Pasha pudesse determinar o abandono imediato de Medina, algo que lhe permitiria reforçar o dispositivo defensivo contra os ingleses. Assim sendo, Murray insistiu para que os rebeldes mantivessem o ritmo das operações, a fim de impedir uma eventual retirada de forças inimigas para o norte.

Convencidos de que o melhor argumento era o bom resultado, os militares no Egito ampliaram o patrocínio britânico ao exército de Hussein. As primeiras viaturas blindadas Rolls-Royce chegaram à península arábica. Mais rifles, metralhadoras, mulas e ouro também foram enviados ao Hejaz.

Com a queda de Wejh, Akaba tornou-se o último porto, no mar Vermelho, controlado pelos turcos. Muitos passaram a vislumbrar sua conquista, pois sua importância era capital. Ele era o porto mais próximo do canal de Suez, o mais próximo da ferrovia do Hejaz e, também, o mais próximo da cidade de Beer-Sheva, onde se situava o limite do flanco esquerdo do exército otomano.

O coronel Bremond procurou Lawrence com o intuito de convencê-lo a apoiar seu novo plano de campanha. O oficial francês pretendia desembarcar uma força-tarefa aliada diretamente sobre Akaba e, depois, marchar para Maã, enquanto os árabes se ocupariam da conquista de Medina. Lawrence se opôs, afirmando que, embora fosse realmente possível desembarcar tropas nas praias do golfo, elas seriam facilmente detidas pelo fogo inimigo e jamais alcançariam Maã. O capitão britânico achava mais apropriado desferir um ataque por terra, empregando forças nativas. Lawrence, na verdade, acreditava que Bremond procurava por todos os meios manter o exército rebelde longe da Síria. Quando o francês se reuniu com Faissal a fim de sugerir-lhe a manobra, o emir, devidamente alertado por seu assessor militar, descartou a proposta.

Pouco tempo depois, os temores do general Murray pareciam se confirmar. Uma mensagem inimiga contendo a ordem de retirada do Hejaz foi interceptada pelos ingleses. Se essas tropas conseguissem, de fato, chegar à Palestina, a frente turca seria reforçada, tornando ainda mais difícil para os britânicos rompê-la. Dessa forma, Murray exigia que os rebeldes fizessem algo imediatamente, a fim de impedir que Fakhri Pasha deslocasse seu corpo de exército para o norte.

Lawrence levou o problema a Faissal, que compreendeu as razões do comandante inglês. Após analisarem o quadro tático, decidiram lançar destacamentos, a partir de Wejh, para obstruir a estrada de ferro em diferentes pontos. Esperavam com isso desorganizar o transporte ferroviário inimigo, impossibilitando aos turcos concentrarem os suprimentos necessários à retirada de grandes efetivos. Em seguida, o emir enviou Lawrence ao acampamento de Abdulla, em Abu Markha, entre Wejh e Medina. Faissal escreveu ao irmão, solicitando-lhe que atacasse os turcos, caso estes realmente abandonassem a cidade santa.

Lawrence estava enfermo quando partiu com uma escolta constituída por homens de diferentes origens e de diferentes tribos. Foi uma viagem difícil. A distância a ser percorrida era considerável, cerca de 200 km. Em alguns trechos, tinha-se um terreno bastante acidentado, obrigando-os a desmontar de seus camelos. O sol e o calor eram impiedosos, embora o percurso, naquela época do ano, não fosse totalmente desprovido de água. Moscas, pulgas e piolhos faziam parte do suplício. Lawrence foi acometido por febre alta, dores no corpo e disenteria. Chegou a perder a consciência e desmaiar.

Durante o pernoite em wadi Kitan, ocorreu um trágico incidente envolvendo os homens de sua escolta. Um dos guardas da tribo ageyl foi morto com um tiro na cabeça, enquanto discutia com um soldado marroquino. Seus companheiros exigiam justiça de acordo com a lei de Talião e os costumes tribais. A situação estava prestes a ficar fora de controle. Por fim, chegou-se ao consenso de julgar o assassino ali mesmo e sentenciá-lo à morte. Com o intuito de evitar mais vingança e futuras represálias, Lawrence se encarregou de aplicar a pena. Foram necessários três tiros para que o oficial britânico desse cabo da vida do marroquino.

Três dias depois, Lawrence, no limite de suas forças, chegou ao poço de Abu Markha, onde o emir Abdulla instalara recentemente seu acampamento. Depois de entregar-lhe a mensagem de Faissal e tecer algumas considerações relativas à manobra pretendida, Lawrence não resistiu e desfaleceu. Abdulla colocou-o em uma tenda ao lado da sua para que pudesse repousar e recuperar-se adequadamente.

AKABA: VITÓRIA DA GUERRILHA

Durante dez dias, Lawrence permaneceu prostrado, lutando contra a febre, as moscas e o calor. Mas, talvez, esses tenham sido os dias mais importantes de sua vida, graças às reflexões e decisões tomadas naqueles momentos de dor e desconforto.[12] Analisando os rumos que deveriam ser dados à Revolta Árabe, chegou a conclusões brilhantes. Percebeu que, até aquele momento, ninguém havia realmente compreendido a natureza singular da insurreição. Os soldados haviam-na tomado como uma guerra, fazendo-lhe analogia às tradicionais formas de beligerância. Todos, desde o início, eram impelidos à ação imediata em busca do contato e do atrito com o exército turco na tentativa de derrotá-lo. Porém, estavam enganados, pois "a rebelião era mais como a paz do que como a guerra".[13]

Os rebeldes não precisavam se converter em um exército disposto regularmente em um campo de batalha com limites preestabelecidos. Ao contrário, se o fizessem, dariam aos turcos a oportunidade de derrotá-los. Também, não precisavam desfechar um golpe decisivo, apenas não deveriam sofrê-lo. Dessa forma, os grandes combates eram tanto dispensáveis quanto indesejáveis. Logo, os preceitos dos grandes teóricos da guerra possuíam pouca aplicação nas condições peculiares da Arábia.

Analisando o conflito em todo o seu aspecto estrutural, Lawrence identificou um componente psicológico, afeto aos sentimentos dos habitantes. Para vencer, o inimigo deveria necessariamente ocupar todas as terras árabes, algo que jamais faria, pois não dispunha dos meios necessários. Mas, aos rebeldes, bastava conquistar o apoio da população, levando a pregação nacionalista a todos os civis de Meca a Damasco.

O oficial britânico concluiu que a campanha na Arábia ocidental havia sido vencida quando Faissal ocupou Wejh. A conquista de Medina, advogada por todos, não possuía mais valor algum. Tomá-la dos turcos exigiria uma grande batalha convencional, para a qual os guerreiros do deserto eram inaptos. Portanto, os árabes não deveriam tentar assaltá-la. Tampouco o fluxo logístico pela ferrovia do Hejaz deveria ser definitivamente interrompido, pois levaria a guarnição turca faminta à rendição. Enquanto a estrada de ferro se mantivesse precariamente em funcionamento, o inimigo seria obrigado a consumir seus parcos recursos e dissipar suas tropas tentando protegê-la de pequenos, mas constantes, ataques guerrilheiros. Os soldados em Medina permaneceriam como estavam, estáticos, sem a capacidade de contra-atacar, sem oferecer nenhum perigo. Desse modo, Faissal poderia estender mais facilmente sua influência à Palestina e à Síria.

Tão logo se recuperou da enfermidade, Lawrence retomou o trabalho, disposto a colocar em prática suas novas ideias. Com o consentimento de Abdulla, organizou sua primeira incursão contra a ferrovia do Hejaz. Garland e Newcombe já haviam se tornado peritos nesse tipo de operação. Agora, chegara o momento de Lawrence explodir trilhos e descarrilar trens.

O xarife Shakir, primo e subcomandante de Abdulla, forneceu os homens e um canhão Krupp, de fabricação alemã. Um oficial argelino, membro da missão militar francesa, juntou-se ao grupo. O alvo selecionado foi a estação de Aba el Naam, um posto inimigo guarnecido por 400 soldados. Embora o ataque não saísse exatamente como Lawrence o planejara, a ação causou bastante estrago. Prédios e viaturas foram danificados, os trilhos foram dinamitados, uma locomotiva sofreu avarias, cabos telegráficos foram cortados, 30 turcos foram feitos prisioneiros, outros tantos foram mortos e o tráfego pela ferrovia ficou suspenso por 72 horas.

No dia seguinte, eles realizaram uma nova incursão. Sabotaram a estrada de ferro entre as estações de Madahrij e Hedia, destruindo aproximadamente 200 m de trilhos. Uma pequena ponte também foi pelos ares. Mais postes telegráficos tiveram seus fios cortados. Antes de se retirarem, instalaram uma mina automática. Pouco tempo depois, ela explodiu sob uma pequena composição que levava homens incumbidos de reparar os danos causados pelos guerrilheiros. Lawrence acreditava que ações como essas tornariam o movimento dos trens "dispendioso e incerto para o inimigo".[14]

O oficial britânico se despediu de Abdulla, no acampamento de Abu Markha, ressentindo-se da falta de interesse do emir pelos aspectos militares da insurreição. Retornou a Wejh, onde encontrou Faissal às voltas com o planejamento da campanha. Newcombe pretendia desfechar um grande ataque para conquistar e manter um longo trecho da ferrovia. Assim, a tropa em Medina, privada de reforços e suprimentos, seria obrigada a se render.

Naturalmente, Lawrence se opôs ao plano, enfatizando a inutilidade de tomar a cidade e a inaptidão dos beduínos para manter a posse de acidentes capitais. Discorreu sobre sua nova concepção da guerra árabe, fruto das reflexões em Abu Markha. Advogou a conquista de Akaba, a fim de ampliar a área sob a influência de Faissal:

> Nosso objetivo era o de procurar o elo material mais fraco do inimigo e atacá-lo com exclusividade, até que toda a estrutura desmoronasse. Nossos maiores recursos, os beduínos, sobre os quais deveríamos basear toda a guerra, não estavam acostumados a operações formais, mas ofereciam as vantagens da mobilidade, da resistência, da confiança, do conhecimento do terreno e da coragem. No caso deles, a dispersão era a força. Assim, deveríamos ampliar nossa frente ao máximo, a fim de impor aos turcos a defesa passiva mais longa possível, já que essa era a forma de guerra mais custosa para eles em termos materiais.[15]

Os beduínos eram povos nômades originários da península arábica, que se expandiram pelo norte da África propagando o islamismo. Viviam precariamente do comércio, do pastoreio e dos saques às caravanas que se aventuravam por suas terras. Eram os donos absolutos do deserto. Cada tribo era zelosa de seu território. Lutavam entre si, disputando os exíguos poços d'água e locais de pastagens. A família patriarcal e a religião muçulmana constituíam os alicerces de sua existência. Entre os diferentes clãs havia uma

A REVOLTA ÁRABE 67

Lawrence, o conselheiro de Faissal, ao lado de Auda Abu Tayi, xeque da tribo dos howeitats e lendário líder guerreiro do norte do Hejaz. O sucessor da Revolta Árabe dependia da aliança entre as irreconciliáveis tribos do deserto.

hierarquia, definida pela herança ancestral de cada chefe tribal, denominado xeque. Os homens eram intrépidos guerreiros, orgulhosos de suas tradições e perfeitamente adaptados às duras condições de seu hábitat. Eles constituíam a grande massa do exército rebelde.

Em termos práticos, o êxito da revolta dependia, essencialmente, da contínua adesão dos xeques beduínos à causa nacionalista, o que se consumava por meio de um juramento de lealdade a Faissal. Lawrence chamava esse método de "escada de tribos". A cada novo clã que se comprometia com a insurreição, o emir dispunha de mais homens dispostos a lutar contra os turcos e, principalmente, tornava maior a extensão territorial sob sua influência direta.

Agora, Lawrence e Faissal esperavam levar a revolta ao norte da Arábia, conquistando Akaba. Portanto, acolheram com imensa satisfação, na base de Wejh, o lendário Auda Abu Tayi, xeque da tribo dos howeitats e reconhecido líder guerreiro da porção setentrional do Hejaz.

Porém, o quartel-general no Cairo ansiava pela ocupação de Medina. Lawrence tentou, em vão, convencer os outros conselheiros militares britânicos da necessidade de se conquistar Akaba, em detrimento dos planos para capturar a cidade santa. Para sua sorte, os líderes árabes reunidos em Wejh eram mais perspicazes que os soldados ortodoxos.

Juntos, Lawrence, Faissal, o xarife Nasir e Auda arquitetaram uma manobra simples e brilhante: um pequeno destacamento partiria com a missão de cooptar as tribos a nordeste de Akaba e com elas desfechariam um ataque pelo interior, surpreendendo o inimigo pela retaguarda. Convicto de que o sucesso da insurreição estava associado ao ritmo de sua expansão para o norte, Lawrence decidiu levar adiante o intento. Ele agiria sozinho se fosse preciso e independente do consentimento de seus superiores. Iniciativa era um atributo que, de fato, não lhe faltava. Antes de partir, enviou uma carta ao brigadeiro Clayton expondo seus motivos e, sem aguardar autorização, entregou-se à ousada aventura.

Na tarde do dia 9 de maio de 1917, a pequena força de apenas cinquenta guerrilheiros iniciou seu movimento. Cada homem levava consigo 20 kg de farinha de trigo (ração suficiente para seis semanas). Camelos de carga transportavam o "suprimento de acompanhamento": explosivos para eventuais sabotagens, um estoque suplementar de farinha, bastante ouro, munição de reserva e alguns fuzis para presentear os futuros aliados. A expedição era liderada por Nasir e Auda. Seguia-os Nesib el Bekri, um político de Damasco, cuja missão seria representar o emir Faissal junto às aldeias do interior da Síria, conquistando a simpatia de seus habitantes. Lawrence era a "eminência parda" por trás deles.

A jornada seria longa e extremamente difícil. As distâncias a serem percorridas eram enormes e, em determinados trechos, o deserto se mostraria terrivelmente hostil e desolador. Portanto, o deslocamento foi meticulosamente planejado, levando-se em conta os possíveis pontos de reabastecimento d'água existentes ao longo do caminho.

A coluna guerrilheira deveria contatar o xeque Sharraf em Abu Raga. Depois, seguir até o inóspito wadi Sirhan, onde Auda e Nasir buscariam a adesão de Nuri Shaalan, principal líder tribal do território situado a leste do rio Jordão. Posteriormente, recrutariam xeques de clãs menores, ampliando o efetivo da força incursora. Para a aproximação final do objetivo, os insurretos deixariam o wadi Sirhan, passando pelos poços dos wadis Bair e Jefer, onde disporiam de água suficiente para saciar a sede dos homens e dos animais. Desbordariam a cidade de Maã, evitando o engajamento desnecessário com a guarnição turca. Desfechariam um ataque rápido para conquistar a aldeia de Aba el Lissan, cuja posse asseguraria o controle do acesso à planície de Guweira, que conduz a Akaba. Desse modo, eles incidiriam sobre a retaguarda do inimigo, deixando-o isolado e obrigando-o a se render.

No início, tudo aconteceu conforme o planejado. Os rebeldes estabeleceram contato amistoso com Sharraf e continuaram avançando. Cruzaram a ferrovia do Hejaz, próximo à localidade de Dizad, a sudeste de Tebuk. Aproveitaram a oportunidade para dinamitar trilhos e derrubar alguns postes telegráficos. O único incidente grave ocorreu quando um bando de salteadores tentou atacar-lhes o local de pernoite, provocando uma baixa fatal.

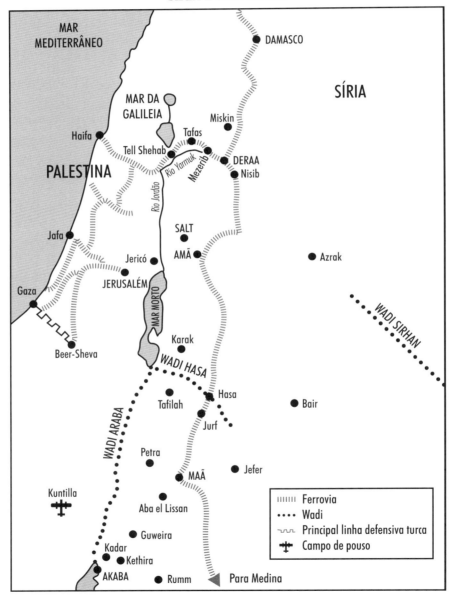

Lawrence sempre soube que o sucesso de sua missão dependia do respeito dos guerreiros árabes, algo que não lhe seria ofertado tão facilmente. Portanto, se submetia às mesmas privações e exigia de si o mesmo desempenho dos nômades beduínos. Ele não gozava de nenhuma prerrogativa por ser estrangeiro. Mesmo diante das dificuldades do deserto, portava-se à altura dos demais membros da expedição, dando provas de resistência física e obstinação. Quando um dos homens se perdeu nas areias escaldantes, condenado a morrer de sede e insolação, o oficial britânico arriscou-se para salvá-lo. Embora o itinerário fosse determinado por guias nativos, hábeis conhecedores do terreno, Lawrence acompanhou o percurso com sua bússola. Confiando em sua precisão, retornou sozinho para procurar o pobre desgarrado e encontrou-o balbuciando, prestes a entrar em desespero. Com o grupo novamente reunido, seguiram viagem.

Em wadi Sirhan, Auda se encontrou com o velho e respeitado Nuri Shaalan, de quem obteve o apoio julgado imprescindível. Entretanto, para que os turcos não desconfiassem do eminente ataque a Akaba, todos concordaram que a adesão do xeque à revolta não deveria possuir o caráter ostensivo. Aparentemente, ele se manteria fiel ao governo otomano em Damasco. Desse modo, Nasir e Auda puderam recrutar novas tribos sem chamar tanta atenção do inimigo.

Enquanto os dois cooptavam líderes locais, Lawrence aproveitou o período de relativa inatividade para realizar um ousado reconhecimento pela Síria, viajando rumo ao norte. Em *Os sete pilares da sabedoria*, o autor omitiu deliberadamente os detalhes dessa arriscada jornada clandestina, limitando-se a esclarecer o propósito de contatar simpatizantes secretos da causa árabe. Seus críticos contestam a veracidade do episódio. Todavia, Lawrence, de fato, enviou ao brigadeiro Clayton um relatório datado de 10 de julho de 1917. É bastante improvável que ele se aventurasse a escrever um documento falso, sobretudo porque seria ainda mais improvável que os experientes funcionários do serviço secreto, incluindo Clayton, não desmascarassem a fraude. Ao contrário, recomendaram-no para ser agraciado com a *Victoria Cross*, uma honrosa condecoração.

Quando Lawrence retornou ao wadi Sirhan, em 16 de junho, Auda havia reunido cerca de 500 guerreiros, todos escolhidos a dedo. Com esse efetivo, eles esperavam capturar Akaba, atacando-a por trás, surgindo inesperadamente do deserto. Alguns xeques chegaram a conjeturar avançar sobre Damasco, mas Lawrence demoveu-os da ideia, mantendo-os fiéis ao planejamento original.

Entretanto, logo depois de iniciarem a marcha rumo ao objetivo, uma surpresa. Três, dos quatro poços do wadi Bair, estavam dinamitados. Os turcos haviam descoberto a atividade rebelde em sua retaguarda e, com o intuito de se protegerem, explodiram os locais onde uma eventual força incursora deveria necessariamente se reabastecer de água.

Com apenas um poço, Bair seria incapaz de suprir todos os quinhentos guerrilheiros e seus camelos. Dessa forma, os árabes tentaram recuperar um segundo poço. Se falhassem, todo o plano para conquistar Akaba estaria comprometido. Os trabalhos provocariam o atraso de, pelo menos, uma semana. Portanto, foi preciso enviar uma equipe de quatro homens à localidade de Tafilah, a fim de comprar farinha para os demais. Um batedor foi destacado à frente para esclarecer a situação das fontes de água de Jefer, próxima parada prevista.

Mas havia outro problema: o inimigo estava alerta. A manobra concebida pelos rebeldes fundamentava-se na surpresa. Sem ela, o ataque certamente fracassaria. Assim sendo, tornava-se imperativo iludir os turcos quanto ao verdadeiro propósito da expedição. Para tanto, um plano de dissimulação foi improvisado. Seu objetivo era oferecer falsos indícios de que os insurretos avançariam na direção de Damasco. O xeque Nuri Shaalan, que não havia aderido "oficialmente" à revolta, tratou de disseminar falsos boatos a esse respeito. Auda enviou uma força de aproximadamente cem guerreiros, sob o comando de seu sobrinho Zaal, para realizar pequenas fintas ou ações diversionárias, identificando e atacando alvos de oportunidade ao norte de Maã.

Concluída a recuperação do poço de Bair, os rebeldes recompletaram seus níveis de suprimento de água e, no dia 28 de junho, partiram para Jefer. Lá chegando, confirmaram seus temores. Os turcos também haviam dinamitado as sete fontes do local. Mas, por sorte, um poço ainda poderia ser restaurado. Foi o que fizeram. Trabalharam tenazmente para remover os escombros e obter água. Se os engenheiros turcos encarregados das destruições de Bair e Jefer tivessem sido mais meticulosos, o ataque a Akaba teria sido frustrado. Todavia, o serviço imperfeito, além de proporcionar uma falsa sensação de segurança ao inimigo, garantiu que a coluna guerrilheira, embora com dificuldade, se aproximasse sorrateiramente de seu objetivo.

Porém, para atacar Akaba por trás, vindo da planície de Guweira, era necessário passar pelo desfiladeiro Nagb el Shtar, cujo acesso era guarnecido pelas tropas estacionadas em Aba el Lissan. Portanto, a conquista dessa pequena aldeia era o ponto crucial de toda a operação. A partir de Jefer, um grupo de guerrilha atacou a cabeceira do desfiladeiro, alertando o inimigo. Para a surpresa dos rebeldes, um batalhão turco recém-chegado à Arábia foi prontamente enviado de Maã como reforço. Quando os insurretos se aproximaram, irrompeu violento combate.

Graças à inépcia do comandante turco, que não determinou a instalação de **postos avançados** nas elevações adjacentes a Aba el Lissan, os rebeldes ocuparam boas posições de tiro, de onde fustigaram o inimigo durante horas. O calor era insuportável e a munição se tornava cada vez mais escassa. Com os fogos mal regulados, os canhões de montanha no fortim não causavam baixas entre os beduínos. Contudo, a luta permaneceu indefinida, até que Auda decidiu lançar um ataque montado. O galope furioso de cavalos e camelos semeou o pânico entre os soldados turcos. Com o manto perfurado de balas, mas ileso, Auda Abu Tayi, à frente da horda rebelde, destruiu o batalhão inimigo entrincheirado. Seu magnífico desempenho naquela jornada justificou sua reputação de grande líder guerreiro. Trezentos turcos morreram e 160 foram capturados. Os árabes perderam apenas dois homens.

Para os beduínos, o saque era uma consequência natural da vitória. Os cadáveres inimigos foram despidos e suas túnicas orgulhosamente incorporadas à indumentária rebelde. Enquanto os homens se entregavam à pilhagem, Lawrence interrogou os prisioneiros e constatou que Maã não poderia enviar mais reforços, pois a guarnição lá deixada era insuficiente para prover sua própria defesa. Era uma preocupação a menos. Ainda assim, não deveriam permanecer em Aba el Lissan por muito tempo, uma vez que tribos hostis poderiam atacá-los em busca dos despojos turcos. Cerca de vinte militares gravemente feridos foram deixados no local, pois não sobreviveriam a qualquer tipo de marcha. Os demais foram conduzidos como prisioneiros de guerra.

Apenas três postos inimigos mal guarnecidos (Guweira, Kethira e Kadar) separavam os rebeldes de Akaba. Sua conquista era quase certa, mas o tempo tornou-se um fator crítico, pois os suprimentos estavam bem próximos do fim e, em breve, a fome assolaria a expedição.

Em Guweira, um indeciso xeque beduíno, Ibn Jad, fora atraído pelas notícias dos recentes sucessos dos rebeldes e pela perspectiva de recompensas. Ele capturou os 120 homens da guarnição turca local, embora hesitasse unir-se à revolta. Entretanto, Auda e Nasir convenceram-no a aderir ao movimento árabe. Com os efetivos aumentados em guerreiros, animais e prisioneiros (o que agravava o problema logístico), a coluna rebelde avançou rumo a Akaba, deparando-se com a penúltima linha de defesa inimiga em Kethira. Por meio de um ataque noturno, Ibn Jad e os homens de sua tribo subjugaram os pobres turcos. A derradeira posição otomana, em Kadar, rendeu-se após um breve tiroteio.

Akaba não possuía defesas voltadas para o interior, pois ninguém imaginava que um ataque fosse lançado do deserto. Seus canhões e casamatas apontavam para as águas do golfo, com o intuito de fazer frente aos bombardeios navais ou deter um eventual desembarque anfíbio. Porém, no dia 6 de julho de 1917, uma multidão frenética de árabes assaltou a cidade pela retaguarda sem encontrar resistência alguma.

As ruas estavam desertas e suas construções haviam sido reduzidas a escombros, em virtude dos constantes bombardeios dos navios aliados. Não existiam estoques de alimentos. Tanto os árabes vitoriosos quanto os prisioneiros turcos não tinham o que comer. Assim sendo, a gravidade da situação logística exigiu que Lawrence retornasse imediatamente para o Egito, a fim de comunicar ao comando britânico a conquista da cidade e providenciar o envio urgente de suprimentos.

Lawrence viajou de camelo pelo Sinai acompanhado de uma pequena escolta. Regressou às linhas amigas em Suez, onde embarcou em um trem com destino ao Cairo. Na estação de Ismailía, deparou-se com suntuosos oficiais de estado-maior. A pompa dos uniformes opunha-se à imagem daquele homem pequeno, embora altivo, severamente emagrecido em suas humildes vestes beduínas, pés descalços e trazendo na face as marcas do sol inclemente do deserto.

Tratava-se da comitiva de *sir* Edmund Allenby, o novo comandante da Força Expedicionária do Egito. Depois de duas malfadadas tentativas de romper as defesas turcas na Palestina, Londres decidiu destituir o general Murray. Allenby deixara o comando do 3º Exército na Europa para assumir a nova função no Cairo, em parte, graças às suas divergências com *sir* Douglas Haig, o comandante inglês na frente ocidental. Era um militar corpulento, oriundo da arma de cavalaria. Possuía o temperamento forte, era determinado, dinâmico e, em breve, se tornaria o mais bem-sucedido general britânico da Primeira Guerra Mundial. Seu apelido, "o Touro", retratava não apenas sua compleição física, mas também a força de seu caráter.

Allenby havia servido com distinção na África do Sul, durante a Guerra dos Bôeres (1889-1901). Logo, possuía experiência em operações de contrainsurgência. Sabia o quanto foi difícil para o poderoso exército inglês debelar uma guerrilha nativa. Dessa forma, compreendia mais facilmente as nuanças da guerra não convencional, identificando nas forças árabes rebeldes um meio complementar para derrotar o inimigo.

A última ofensiva do general Murray custara a vida de 5.800 soldados britânicos, porém, não trouxera nenhum ganho tático. As defesas turcas em Gaza, embora castigadas, não foram rompidas. Os oficiais de estado-maior, com todo seu garbo e eloquência, eram incapazes de justificar a ausência de resultados palpáveis no campo de batalha. Não havia boas notícias vindas do *front*. Portanto, a imagem grotesca de Lawrence, a antítese de um militar, anunciando uma vitória extraordinária, causou grande impressão ao general Allenby.

O capitão Lawrence havia iniciado uma expedição com apenas cinquenta guerrilheiros e, dois meses depois, conquistara o último porto controlado pelo inimigo no mar Vermelho. Fez uso de uma improvável direção de ataque, valendo-se da aproximação indireta para assaltar seu objetivo pela retaguarda. Sofreu pouquíssimas baixas, das quais nenhuma era britânica. Tudo isso contrastava com a matança inútil praticada pelos soldados regulares.

Por sorte, a captura de Akaba coincidiu com a chegada do novo comandante militar no Egito. O "Touro" poderia garantir todo o apoio necessário ao exército de Faissal. Para Lawrence e a Revolta Árabe, Allenby foi o homem certo, no lugar certo, na hora certa.

Ali mesmo, na estação de Ismailía, Lawrence conseguiu um navio para levar o primeiro lote de suprimentos necessários a Akaba. Seguiu para o Cairo, onde fez o relato de sua jornada ao brigadeiro Clayton, pleiteando a chefia da missão de assessoria militar britânica junto ao emir Faissal. Clayton não podia atribuir o comando a um oficial de menor patente, portanto, nomeou o coronel Joyce para o cargo, embora Lawrence fosse recompensado com a merecida promoção ao posto de major.

O GENERAL E O GUERRILHEIRO

Chamado ao gabinete do general Allenby para expor suas ideias, Lawrence fundamentou seus argumentos nos bons resultados que obtivera, advogando a adoção de uma nova postura do comando inglês em relação à Revolta Árabe. Esperava que Faissal abandonasse Wejh e transferisse suas forças para Akaba, convertendo-a em sua principal base logística. No seu entendimento, o "exército de Meca" deveria ser empregado no flanco direito do dispositivo britânico, a fim de participar da conquista da Síria. Para tanto, o emir deveria estar diretamente subordinado ao comandante inglês.

A Revolta Árabe

General *sir* Edmund Allenby, o substituto de Archibald Murray no comando da Força Expedicionária do Egito. Allenby atribuiu novo papel à Revolta Árabe, ampliando consideravelmente o patrocínio britânico.

Embora desconfiado, Allenby ouviu atentamente a exposição de motivos apresentada por Lawrence. Ao encerrar a entrevista, comprometeu-se a fazer tudo o que estivesse ao seu alcance para apoiar as forças rebeldes.

Até aquele momento, o patrocínio à insurreição no Hejaz fora uma atribuição de *sir* Reginald Wingate. Porém, com a queda de Akaba, a rebelião ingressou em uma nova etapa. A campanha na Arábia ocidental havia terminado (sem a captura de Medina) e, agora, todos os esforços deveriam estar voltados para a conquista da Síria. O próprio general Wingate, um entusiasta do movimento de independência árabe, concordou com a ideia da transferência de responsabilidade para Allenby, acreditando ser essa a melhor opção.

O xarife Hussein, em Meca, também apoiou o plano. Abdulla e Ali permaneceriam no Hejaz, como lhes convinha, conduzindo ações de pequena intensidade contra os turcos isolados em Medina, enquanto o irmão seria empregado na frente principal ao lado dos ingleses.

Faissal desembarcou em Akaba, acompanhado do coronel Joyce. Toneladas de suprimentos, incluindo viaturas blindadas sobre rodas, chegaram à cidade, trazidos pelos navios britânicos. O novo comandante, no Egito, estava realmente disposto a fazer bom uso da guerrilha em prol de sua campanha.

Allenby, um soldado convencional, reconheceu que a guerra irregular movida pelos árabes, na retaguarda inimiga, poderia ajudá-lo de várias maneiras. Os rebeldes poderiam comprometer as linhas de comunicações e o fluxo logístico pela ferrovia do Hejaz; causar danos à sua infraestrutura; fustigar as guarnições isoladas; provocar baixas entre as fileiras turcas; contribuir com os esforços de busca de informações e, ainda, proporcionar segurança ao flanco direito do exército britânico. Apoiados por Allenby, os beduínos intensificaram suas incursões atrás das linhas inimigas.

Porém, no dia 17 de julho de 1917, Lawrence tomou conhecimento de correspondências interceptadas pelos ingleses. Auda mantinha conversações secretas com os turcos em Maã, oferecendo-se para abandonar a causa árabe. Como medida de segurança, Auda e seus homens haviam retornado para Guweira, logo após a captura de Akaba, a fim de barrarem um eventual contra-ataque inimigo. Entretanto, a situação dos howeitats era precária, pois a prometida ajuda britânica ainda não havia chegado.

Com o intuito de impedir a iminente traição, Lawrence seguiu o mais rápido possível ao encontro do velho guerreiro, surgindo inesperadamente em seu acampamento. Tratou de forma cordial o amigo, abstendo-se de fazer menção às suas suspeitas. Maliciosamente, insinuou seu conhecimento dos detalhes da conspiração, citando, como se fossem suas próprias palavras, trechos inteiros das cartas trocadas com o inimigo. Ao invés de acusar o chefe dos howeitats, Lawrence presenteou-lhe com ouro e a promessa de mais armas e suprimentos, assegurando, até o fim da guerra, a valiosa lealdade de Auda e sua tribo.

Enquanto homens e mantimentos chegavam a Akaba, os turcos planejaram uma contraofensiva. No final de agosto, o inimigo já havia reunido, em Maã, seis mil soldados de infantaria, apoiados por um regimento de cavalaria, artilharia e aviação. Aba el Lissan foi reocupada por uma força de dois mil homens. Dessa forma, a débil posição rebelde em Guweira encontrava-se seriamente ameaçada.

A fim de frustrar a manobra do oponente, Maulud, o ajudante de ordens de Faissal, instalou cerca de 200 árabes nas magníficas ruínas de Petra. A antiga capital do povo nabateu, situada a noroeste de Maã, possuía um terreno bastante apropriado à defesa. Quando os turcos a atacaram, foram repelidos com facilidade. Nesse ínterim, guerreiros de tribos do deserto realizaram incursões com o propósito de inquietar os postos inimigos, fustigando-os com pequenas ações de guerrilha. Todavia, foi graças à aviação britânica que os planos turcos para a reconquista de Akaba fracassaram.

O general Geoffrey Salmond, comandante da força aérea inglesa no Oriente Médio, destacou uma esquadrilha no campo de pouso de Kuntilla, 65 km ao norte do golfo de Akaba. As aeronaves, sob o comando do capitão Stent, bombardearam Maã e Aba el Lissan com enorme habilidade e precisão, causando grandes danos ao inimigo, sem sofrer uma única perda. Em 48 horas, realizaram três **surtidas aéreas** que esvaziaram as chances de sucesso do pretenso contra-ataque inimigo. Os biplanos, assim como as viaturas blindadas, constituíam, à época, os meios mais modernos disponíveis nos arsenais das grandes potências. Portanto, o emprego da esquadrilha do capitão Stent em prol dos beduínos ilustra uma das principais características da guerra irregular, qual seja a combinação de avançada tecnologia com formas primitivas de beligerância.

No início de setembro de 1917, com o intuito de prejudicar ainda mais a concentração de meios inimigos em Maã, Lawrence decidiu retomar as incursões contra a ferrovia, uma vez que, para protegê-la, os turcos seriam obrigados a dissipar suas forças em pequenas **guarnições de segurança estática**. O alvo selecionado foi a estação de abastecimento de água de Mudauwara, localizada na metade do caminho entre Maã e Tebuk.

Foram reunidos cerca de 120 guerreiros de diferentes tribos. Desde o início, a expedição foi prejudicada pelas dissensões internas e pelas desavenças entre os xeques rivais. Entretanto, Lawrence podia contar com maior apoio de fogo, graças à presença de dois sargentos especialistas em armamentos, recém-chegados a Akaba. Yells era inglês, perito no uso da metralhadora leve Lewis, uma arma de pouco mais de 12 kg, capaz de realizar até 600 disparos por minuto. O australiano Brooke, por sua vez, era experto em morteiros médios Stokes de 81 mm, uma arma de tiro curvo com alcance máximo de 800 m.

A coluna guerrilheira partiu de Guweira com destino a Mudauwara, passando por Rumm. Durante o reconhecimento aproximado do objetivo, Lawrence, os dois sargentos e Zaal (sobrinho de Auda) rastejaram protegidos pela escuridão da noite e constataram que a guarnição inimiga possuía poder de combate suficiente para rechaçar um ataque rebelde. Por conseguinte, adotaram um plano alternativo, deixando Mudauwara de lado. Seguiram para o sul, onde prepararam uma emboscada de oportunidade, a fim de descarrilar um trem qualquer.

Lawrence instalou, sob os trilhos, uma carga de 20 kg de dinamite com acionadores elétricos. Sua intenção era detoná-la exatamente embaixo de uma locomotiva. A camuflagem requeria especial atenção, pois era necessário enterrar a carga, esconder os fios e apagar todos os rastros deixados na areia.

Caso contrário, as patrulhas inimigas de rotina, que percorriam a pé trechos da ferrovia inspecionando-a, poderiam encontrar o artefato explosivo.

Yells e Brooke posicionaram suas armas, enquanto os árabes aguardavam impacientemente escondidos nas dobras do terreno. Às nove horas da manhã, um pelotão turco se aproximou pela estrada de ferro. Se os rebeldes atacassem, decerto destruiriam o oponente, contudo, o intenso tiroteio seria ouvido à distância e o tráfego ferroviário seria imediatamente interrompido. Por outro lado, se nada fizessem, os explosivos poderiam ser descobertos. A fim de afastar o perigo, 30 beduínos foram enviados como isca para realizar alguns disparos e, em seguida, bater em retirada, atraindo o pelotão para longe do local de emboscada.

Ao meio-dia, uma companhia de fuzileiros deixou Mudauwara e, com o sol a pino, avançou lentamente na direção dos rebeldes. Lawrence, observando a aproximação inimiga com sua luneta, concluiu que, em torno de duas horas, os soldados atingiriam as posições dos insurretos. Portanto, seria mais sensato abortar a missão e ir embora. Nesse momento, surgiu uma coluna de fumaça no horizonte. Uma composição de duas locomotivas e dez vagões avançava despreocupadamente pelo deserto. Era uma presa compensadora e a ordem de retraimento foi sustada.

Quando a segunda locomotiva passou sobre a carga de dinamite, Lawrence deu o sinal para sua detonação. Uma enorme explosão descarrilou o trem. Mal a nuvem de poeira havia se dissipado, as metralhadoras Lewis abriram fogo, despejando uma saraivada de balas sobre os vagões. Os árabes se lançaram furiosamente contra o inimigo confuso. Turcos desesperados saltavam das portas e janelas, procurando abrigo no talude da ferrovia. Brooke entrou em ação com seu morteiro Stokes. No segundo tiro, desalojou os adversários, que, em terreno aberto, foram varridos pelos tiros das metralhadoras. Foi um massacre.

O combate durou apenas dez minutos. Em seguida, os beduínos enlouquecidos se entregaram ao saque, pilhando tudo aquilo que pudessem transportar no lombo de um camelo. A situação ficou fora de controle. Enquanto isso, Lawrence instalou mais alguns explosivos na primeira locomotiva, pois, embora estivesse tombada, não havia sido completamente destruída. Abarrotados de despojos, os árabes se dispersaram em pequenos grupos e desapareceram no deserto.

Em outro ataque à estrada de ferro, dessa vez acompanhado do capitão Pisani, chefe da equipe de assessores militares franceses em Akaba, Lawrence descarrilou uma locomotiva e seus 12 vagões. Embora o oficial britânico tenha sofrido um ferimento leve, atingido de raspão no quadril por um tiro de pistola, a ação desenvolveu-se segundo o padrão estabelecido no *raid* anterior: acionamento da carga explosiva, emprego de metralhadoras para proporcionar um grande volume de fogo, assalto seguido de saque e retirada.

Destacamentos de incursão partiam de Akaba com uma frequência cada vez maior. Os guerreiros tribais eram motivados, sobretudo, pelas perspectivas de pilhagem. Ainda assim, estavam oferecendo sua valiosa contribuição à causa árabe. Em 4 meses, 17 trens turcos foram atacados. O prejuízo causado ao inimigo foi tão grande que as tropas otomanas retidas em Medina não podiam ser convenientemente abastecidas, tampouco podiam ser evacuadas pela ferrovia. Sem estoques compatíveis de suprimentos, elas perderam sua capacidade ofensiva e se viram obrigadas a realizar uma defesa em posição. Ou seja, não podiam atacar nem se retirar, estavam condenadas a permanecerem passivas no fundo de suas trincheiras, limitando-se a responder aos estímulos táticos dos rebeldes, como previra Lawrence em Abu Markha.

Entretanto, Allenby se preparava para lançar uma esmagadora ofensiva na Palestina em novembro de 1917. Ele esperava dos árabes muito mais do que as ações de sabotagem que vinham empreendendo, com êxito, contra o sistema de transporte terrestre do inimigo. Assim, Lawrence foi chamado novamente ao Cairo. O general cobrou-lhe resultados mais tangíveis, exigindo que Faissal e o "exército de Meca" justificassem todo o apoio fornecido pelos britânicos.

De fato, desde que Allenby assumira a responsabilidade de patrocinar o movimento de independência árabe, mais assessores militares, mais suprimentos e mais dinheiro estavam à disposição dos insurretos no porto de

Akaba. Agora, o general contava com "o retorno de seu investimento" para chegar à vitória.

Embora Lawrence fosse impelido à ação pelo comandante em chefe, ele se opunha categoricamente ao emprego da força de guerrilha em ataques de grande envergadura, acreditando que os beduínos eram inaptos para travar batalhas convencionais. Todavia, era preciso atender aos anseios de seu "patrocinador".

Deraa, um nó ferroviário localizado na metade do caminho entre Amã e Damasco, chamava a atenção de Lawrence por seu enorme valor tático. A cidade irradiava ramais que ligavam a Síria à margem oriental do rio Jordão, ao Hejaz e à Palestina (incluindo as cidades de Jerusalém, Beer-Sheva e o litoral do mar Mediterrâneo em Gaza, Jafa e Haifa). Antes da guerra, Lawrence teve a oportunidade de almoçar casualmente na estação de Deraa, quando se dirigia ao sítio arqueológico de Carchemish, acompanhado por D. G. Hogarth. Agora, com os olhos de um guerrilheiro, ele estudava os atrativos operacionais daquela localidade.

O oficial britânico concluiu que Deraa poderia ser tomada pela insurgência de tribos nômades e aldeias do interior da Síria. Contudo, em face dos contra-ataques inimigos, os insurretos não poderiam mantê-la por muito tempo sem o auxílio de tropas regulares. Não se podia ignorar o fato de que a Força Expedicionária do Egito já havia tentado, sem sucesso, romper as defesas otomanas na Palestina. Portanto, Lawrence considerava prematuro deflagrar uma sublevação popular tão ao norte, pois, caso a ofensiva inglesa fracassasse novamente, a revolta seria debelada sem muita dificuldade pelas tropas turcas, à custa da vida de civis inocentes.

Dessa forma, Lawrence concebeu uma incursão na retaguarda profunda do inimigo, a fim de destruir uma ponte ferroviária sobre o rio Yarmuk. O oficial britânico tinha a intenção de cortar a retirada dos exércitos turcos, quando estes fossem pressionados pela ofensiva de Allenby na Palestina. Para que contribuísse efetivamente com a manobra inglesa, a destruição deveria acontecer entre os dias 5 e 8 de novembro de 1917. O alvo estava localizado

84   Lawrence da Arábia

a 650 km de Akaba. Era um plano ousado, uma típica ação de comandos. Porém, existia uma série de empecilhos.

Sem a presença de um líder carismático como Auda ou Nasir, foi difícil cooptar bons guerreiros. Os xeques consultados mostravam-se recalcitrantes. Abd el Kader, um citadino pouco familiarizado com os costumes das tribos do deserto, juntou-se aos rebeldes. Era um homem excêntrico, vaidoso e merecedor de pouca confiança. Seu prestígio vinha de seu avô, o famoso herói da resistência argelina contra a colonização francesa no século XIX. Não sendo um beduíno, possuía pouca ou nenhuma prática em expedições de rapina e, portanto, não tinha muito a oferecer durante as agruras de um combate. Como político, era ainda pior. Deixava-se levar por seu orgulho, gerando atritos desnecessários ao invés de promover alianças.

Por fim, o comando da expedição foi atribuído a Ali ibn el Hussein, um jovem xeque harith, que levaria consigo homens da tribo beni sakhr. Ali reunia as melhores virtudes de um guerreiro beduíno. Entretanto, ele logo se desentendeu com Abd el Kader, fazendo com que a viagem até Azrak fosse marcada pela rivalidade entre os dois.

Voluntários indianos dotados de metralhadoras Vickers e Lewis constituíam o escalão de segurança da força incursora. Eles tinham por missão impedir a chegada de reforços inimigos durante a ação no objetivo. Embora fossem soldados bem adestrados no emprego de armas automáticas, não estavam acostumados a realizar grandes deslocamentos montados em camelos, acarretando, com isso, prejuízo à velocidade de marcha da coluna rebelde.

Em virtude do tamanho da ponte, o trabalho de demolição exigiria conhecimento técnico acurado e cargas explosivas moldáveis. Assim sendo, Lawrence incluiu em sua equipe um oficial do Corpo de Engenheiros Reais. Porém, o militar ficou doente logo no início da jornada, esforçando-se bravamente para acompanhar a expedição até o fim.

A coluna guerrilheira deixou Akaba no dia 24 de outubro de 1917. Durante o percurso, ouvia-se o troar distante dos canhões de Allenby preparando a ofensiva na Palestina. A chuva fina, comum nessa época do ano, tornava as noites mais frias. Os rebeldes atingiram a região do oásis Azrak, território da tribo serahin, em 4 de novembro. Nesse momento, Abd el Kader e seus seguidores desertaram. A traição do argelino confirmava sua má reputação e comprometia as chances de sucesso dos insurretos, pois seus planos, certamente, seriam revelados aos turcos.

Ainda assim, os rebeldes optaram por levar adiante o ataque. Em decorrência da atitude traiçoeira de Abd el Kader, foram necessários alguns ajustes na manobra pretendida. Na noite de 6 de novembro, eles alcançaram a ponte de Tell el Shahab. Porém, a má sorte condenaria a expedição ao fracasso.

Enquanto Lawrence se aproximava para instalar a carga explosiva, o sigilo foi rompido abrupta e prematuramente. Um dos homens deixou cair seu fuzil. O choque ruidoso da arma nas pedras despertou a guarda turca, posicionada em uma das extremidades da ponte. O inimigo de sobressalto abriu fogo, dando início a um violento e inoportuno tiroteio. Durante a confusão, parte considerável dos explosivos caiu na garganta do Yarmuk e se perdeu. Não havia nada mais a ser feito, a não ser deixar o local o mais depressa possível.

A expedição se reorganizou em Azrak e, no dia 11 de novembro, ainda teve a oportunidade de descarrilar um trem. Nele viajava o comandante do 8° Exército turco, Mehmed Jemal Pasha. A composição de duas locomotivas e 12 vagões seguia para Jerusalém levando reforços para o *front*. Saqueá-la foi impossível. Sete árabes morreram durante a troca de tiros e outros se feriram. Lawrence sofreu escoriações no pé direito e no ombro esquerdo, atingido por fragmentos da explosão.

As chuvas de inverno tornavam-se mais intensas, formando atoleiros que prejudicavam o movimento. Dessa forma, antes de retornar para a base principal em Akaba, a maltratada coluna guerrilheira decidiu permanecer homiziada por algum tempo nas ruínas de um velho forte abandonado próximo a Azrak. Além de curar os feridos, seria possível coletar dados sobre o terreno e a população, a fim de subsidiar planejamentos futuros, bem como disseminar o proselitismo nacionalista entre os líderes locais.

Entrada solene de Allenby em Jerusalém. Depois de romper o sistema defensivo turco em Beer-Sheva, os ingleses finalmente capturaram a cidade santa em dezembro de 1917.

Lawrence aproveitou a ocasião para tentar reconhecer Deraa disfarçado de camponês. Tratou-se de um dos episódios mais controvertidos de sua biografia. De acordo com o relato contido em *Os sete pilares da sabedoria*, o autor foi capturado e levado à presença do governador da cidade, a fim de satisfazer o apetite sexual do dignitário turco. Lawrence teria se recusado e, por isso, foi açoitado e sodomizado. Na manhã seguinte, com o corpo inutilizado pela tortura, foi deixado de lado pelos guardas, retornando a pé para o refúgio em Azrak. Muitos críticos contestam a autenticidade da narrativa. Na verdade, inexiste qualquer comprovação histórica, embora haja indícios de que algo muito grave, de fato, tenha acontecido.

O xeque Ali e os metralhadores indianos permaneceram no oásis Azrak, convertendo o lugar em um reduto rebelde. No início de dezembro, o major Lawrence estava de volta a Akaba. Foi imediatamente convocado à presença de Allenby, em seu novo posto de comando no norte de Gaza. O general, exultante com a ruptura das defesas turcas na Palestina, deu pouca importância ao fracasso da incursão no vale do rio Yarmuk. Ele desejava que o exército de Faissal acompanhasse a progressão das unidades britânicas, posicionando-se a leste do mar Morto.

Os ingleses haviam subjugado as linhas de trincheiras inimigas em Beer-Sheva e, no dia 9 de dezembro de 1917, capturaram Jerusalém. Entretanto, eram incapazes de explorar o êxito adequadamente, realizando uma arrancada para o norte, em direção a Damasco. O próximo avanço só poderia ocorrer em meados de fevereiro de 1918.

A queda de Jerusalém foi um momento delicado, pois se revestia de grande simbolismo. As três grandes religiões monoteístas consideram a cidade um lugar sagrado. Desde as cruzadas na Idade Média, nenhum cristão havia ultrapassado seus portões como conquistador. Allenby seria o primeiro. Era necessário comedimento para não ferir suscetibilidades, criando embaraço entre os povos. No dia 11 de dezembro, foi realizada uma cerimônia militar diante do Portão de Jaffa. Em sinal de deferência, o general entrou a pé, acompanhado por seu séquito, do qual Lawrence foi convidado a participar com uma farda emprestada. Ronald Storrs foi nomeado governador da cidade e o brigadeiro Clayton, governador militar da Palestina.

A ARRANCADA FINAL

No início de 1918, Faissal já dispunha de aproximadamente três mil árabes organizados em unidades regulares, equipados e abastecidos pelos Aliados. Eram tropas uniformizadas e treinadas nos moldes convencionais. Maulud, o heroico defensor de Petra, passou à ofensiva, obrigando o inimigo a abandonar Aba el Lissan. Agora, ele mantinha os turcos acuados em Maã.

Para Lawrence, o ano novo também marcou a adoção de uma nova e fascinante arma de guerra: as viaturas blindadas sobre rodas. Eram veículos das marcas Rolls-Royce, Talbot e Ford, com proteção blindada, equipados com metralhadoras Vickers Maxim calibre 0,30 polegadas. Essas máquinas já vinham sendo fornecidas pelos ingleses há algum tempo. Mas foi apenas em janeiro de 1918 que Lawrence passou a fazer bom uso delas, adaptando seu emprego para as incursões guerrilheiras. Os carros se mostraram bastante adequados às missões de reconhecimento e ataque. Além de maior velocidade e poder de fogo, ofereciam grande autonomia, capacidade de carga e conforto. Embora não houvessem estradas apropriadas no norte da península arábica, o terreno árido do deserto era permeável aos robustos veículos que, nos declives mais acentuados, podiam atingir 120 km/h.

Uma companhia de carros blindados e seus tripulantes estavam reunidos em Guweira, sob o comando do coronel Joyce. Os motoristas, militares britânicos, além de condutores, eram bons mecânicos. O primeiro *raid* motorizado foi dirigido contra a estação de Mudauwara – uma rápida experiência que serviu apenas para inquietar a guarnição turca. Apesar de não abrir mão dos velhos camelos, Lawrence passou a fazer uso cada vez mais intenso das viaturas.

Mas, para atender aos planos do general Allenby, era necessário fazer avançar imediatamente o exército rebelde para o norte, aproximando sua vanguarda do mar Morto. Com esse propósito, Faissal confiou o comando de uma nova expedição ao xarife Nasir. Ele deveria partir de Jefer e conquistar sucessivamente as aldeias de Jurf e Tafilah. Com essa manobra, os insurretos ocupariam o wadi Hasa, embora os turcos ainda mantivessem a posse de Maã. Nasir contaria, mais uma vez, com a presença vigorosa de Auda. Porém, a tropa empenhada possuiria constituição híbrida, composta tanto por guerrilheiros beduínos quanto por soldados regulares árabes.

Tafilah e as aldeias vizinhas encontram-se a aproximadamente 1.000 m de altitude, dominando a extremidade meridional do mar Morto. Em janeiro de 1918, o inverno foi rigoroso, com a ocorrência de nevascas que tornavam as precárias condições de vida dos rebeldes insuportáveis. Os deslocamentos também se tornavam mais lentos e perigosos. Contudo, Nasir conquistou seu objetivo, em 20 de janeiro, depois de breves combates. Para homens acostumados ao sol do deserto, a luta travada ao sul do wadi Hasa, sob frio intenso, foi extremamente difícil, mas o pior ainda estava por vir.

Zeid, o filho mais novo de Hussein, juntou-se a Nasir. Ele fora incumbido por Faissal de liderar a grande ofensiva árabe na direção do mar Morto. Sua primeira providência, ao chegar a Tafilah, foi apaziguar os ânimos de xeques exaltados que remoíam antigas desavenças, dentre os quais estava o impulsivo Auda. Zeid contornou a situação, mandando-o de volta para junto de sua tribo.

Enquanto se discutia a próxima etapa da ofensiva, os turcos desfecharam um poderoso contra-ataque. Na manhã do dia 24 de janeiro de 1918, um regimento otomano atacou Tafilah com o propósito de expulsar os rebeldes da região do wadi Hasa. O inimigo dispunha de três batalhões de infantaria, apoiados por um esquadrão de cavalaria, dois morteiros e cerca de vinte metralhadoras. Os líderes árabes na pequena aldeia foram apanhados de surpresa. Zeid tentou retrair para as elevações mais ao sul, de onde acreditava ser possível defender em melhores condições. Lawrence se opôs à ideia de abandonar o lugarejo, pois não pretendia perder o apoio da população local com uma retirada precipitada, deixando os civis expostos às retaliações do inimigo.

O oficial britânico, até aquele momento, se destacara pelo uso de táticas não convencionais, empregando pequenos efetivos em rápidos ataques. Porém, a inesperada situação em Tafilah colocou-o dentro de uma **batalha de atrito**. Assim, ele se viu obrigado a defender terreno, algo que os guerrilheiros de bom-senso evitam fazer. Lawrence tentou aplicar os fundamentos teóricos da guerra que aprendera com suas leituras em Oxford e, aos poucos, foi assumindo o controle das ações.

Sua primeira tarefa foi estabilizar o improvisado **centro do dispositivo** defensivo árabe, mantendo-o firme diante da pressão inimiga. Por sorte, os turcos se concentraram sobre esse ponto, forçando-o frontalmente, mas descuidando de seus próprios flancos. Dessa forma, a bem-sucedida resistência, oferecida durante toda a manhã, permitiu a Zeid, na retaguarda, reunir beduínos, aldeões e soldados árabes em uma grande força. Com essa reserva, Lawrence esperava flanquear o inimigo pelo leste. Entretanto, no meio da tarde, um xeque beduíno chegou ao local, trazendo consigo uma centena de homens. O inesperado e auspicioso reforço permitiu aos rebeldes atacar simultaneamente os dois flancos inimigos, enquanto o centro ainda sustentava o combate. Ao anoitecer, os turcos haviam perdido aproximadamente mil soldados, ambos os morteiros e todas as suas metralhadoras.

Aproveitando o bom momento, Zeid determinou ao xeque Abdullah el Feir, acampado nas praias do mar Morto, que atacasse a base da flotilha turca situada a oeste de Karak. A missão foi cumprida com sucesso no dia 28 de janeiro de 1918.

Depois da guerra, Lawrence depreciou a importância dos combates travados em Tafilah, afirmando que a batalha deveria ter sido evitada, pois a aldeia não possuía valor tático que justificasse a perda de vidas humanas. Embora nenhum outro oficial britânico tenha presenciado a atuação de Lawrence naquele dia, o exército concedeu-lhe a famosa medalha da Ordem dos Serviços Distintos. Como todas as outras honrarias, Lawrence se recusaria a ostentá-la. Porém, no início daquele ano, a causa árabe, ou melhor, Allenby exigia uma vitória a leste do mar Morto. As destruições de um regimento inimigo e das embarcações turcas serviram para renovar a credibilidade das forças rebeldes perante o comandante em chefe e seu estado-maior.

Contudo, seria necessário mais dinheiro para subsidiar o avanço de Zeid rumo ao norte, como desejava Allenby. Lawrence deixou o frio de Tafilah e retornou a Guweira, a fim de buscar mais ouro. Encontrou-se com o coronel Joyce e Alan Dawnay, membro da equipe de assessores militares britânicos. Os dois oficiais descreveram a malfadada tentativa de Faissal de capturar a estação ferroviária de Mudauwara. Como sempre, a dificuldade do emprego combinado de soldados regulares árabes e guerrilheiros beduínos foi a principal causa do insucesso.

De volta a Tafilah, em 11 de fevereiro, Lawrence entregou todo o ouro a Zeid e seguiu para o norte, com o intuito de realizar um reconhecimento sumário do terreno a ser percorrido durante a próxima arremetida árabe. Ele esperava que os rebeldes avançassem até a foz do rio Jordão, no mar Morto. Nesse ponto, o "exército de Meca" estaria alinhado com o restante da Força Expedicionária do Egito, que já pressionava, com seus canhões, as defesas turcas em Jericó, na margem oposta do rio.

Depois de alguns dias, Lawrence retornou à aldeia e teve uma desagradável surpresa: Nasir estava doente e o inexperiente Zeid havia gastado todo o dinheiro com o pagamento de xeques beduínos. Lawrence sabia que não existiam mais recursos disponíveis. Sem ouro, estava tudo acabado! Na manhã seguinte, partiu amargurado para a Palestina, pronto para pedir o afastamento de suas funções.

No quartel-general, encontrou-se com Clayton e D. G. Hogarth, seu antigo chefe na expedição arqueológica de Carchemish. Hogarth vestia a farda branca da Marinha inglesa, mas, na verdade, pertencia à comunidade de inteligência. Lawrence explicou-lhes a impossibilidade de levar adiante os planos de Allenby, em decorrência da atitude inconsequente de Zeid.

Entretanto, o comando inglês acabara de ser informado da conquista da cidade bíblica de Jericó. Era uma ótima notícia, pois permitiria aos Aliados lançar uma **cabeça de ponte** na margem oriental do rio Jordão e, depois, avançar contra Amã. Lawrence foi envolvido pela euforia do momento. Os planos agora eram outros. Allenby desejava transpor o rio e investir contra a **Linha** Salt-Amã, em março. Para isso, contava com a ajuda de Faissal. Os rebeldes deveriam capturar Maã, impedindo que sua guarnição retraísse para o norte, pela ferrovia do Hejaz. Caso o inimigo conseguisse escapar, o ataque principal britânico estaria em perigo. Depois de conquistar seu objetivo, as tropas árabes deveriam seguir para o norte e se posicionar na região de Azrak. Assim, o *front* estaria definido pela Linha Salt-Amã-Azrak.

Lawrence, promovido ao posto de tenente-coronel por sua atuação nos combates do wadi Hasa, viajou para Akaba e descreveu o novo plano ao emir Faissal. Antes, porém, informou-lhe sobre o incidente envolvendo Zeid e o ouro inglês. A questão foi simplesmente deixada de lado. No dia 6 de março, os turcos reconquistaram Tafilah, mas ela já não tinha importância alguma dentro do atual quadro tático.

A fim de assegurar a conquista de Maã, de acordo com a intenção de Allenby, Maulud concebeu um ataque convencional à posição inimiga, empregando as tropas regulares árabes. Lawrence acompanharia Alan Dawnay em uma ação secundária contra as estações de Tell Shahm e Mudauwara.

Durante o assalto às defesas de Maã, a infantaria regular árabe apresentou desempenho idêntico ao de qualquer outra tropa bem adestrada da Primeira Guerra Mundial. Ou seja, foi varrida pelo fogo das metralhadoras inimigas. O fracasso de Maã só reforçava em Lawrence seu desprezo pelas formas usuais de guerra.

Para ampliar o ataque dos regulares árabes, Alan Dawnay planejou um *raid* motorizado contra a Ferrovia, ao sul de Maã. A ação, aparentemente complexa e bastante original, combinava carros blindados, guerrilheiros beduínos e aeroplanos. Com precisão e meticulosidade, Dawnay ateve-se aos detalhes de coordenação, assegurando uma execução primorosa. Graças à mobilidade e ao poder de fogo das novas armas (carros e aviões) foi possível interditar todo o trecho compreendido entre as estações de Maã e Mudauwara, cerca de 130 km de estrada de ferro. Porém, após os combates, ambos os postos ainda permaneciam sob o controle otomano.

Ao norte, o ataque britânico também fracassou, embora tenha conseguido algum êxito inicial. Os ingleses capturaram Salt e, no final do mês de março, chegaram a Amã. Contudo, não foram capazes de manter o terreno conquistado. Com um contra-ataque bem-sucedido, os turcos rechaçaram as forças de Allenby, impedindo que se fixassem na margem oriental do rio Jordão.

Biplano Bristol modelo F2B: os guerrilheiros árabes contaram com o apoio de caças britânicos em algumas incursões no deserto.

A campanha aliada no Oriente Médio ficou ainda mais comprometida depois que o alto-comando requisitou meios alocados à Força Expedicionária do Egito para fazer frente à última ofensiva alemã em Flandres, na Europa. Felizmente, os turcos não estavam em condições de explorar a oportunidade. Dentre outras razões, a degradação do sistema ferroviário, provocada tanto por ataques aéreos quanto por incursões guerrilheiras, impedia-os de realizar a concentração das unidades necessárias a uma operação de maior vulto.

A carência de tropas levou Allenby a desmobilizar o Corpo Imperial de Camelos, a fim de reaproveitar melhor seus homens. Lawrence tomou conhecimento dessa decisão casualmente, durante um jantar no quartel-general. Ele solicitou ao comandante em chefe que os animais fossem cedidos ao "exército de Meca", assim Faissal poderia conquistar o entroncamento ferroviário de Deraa. Allenby concordou. A súbita aquisição de dois mil camelos constituiu um grande alento para as forças rebeldes.

A falta de efetivos britânicos foi remediada com a chegada de reforços provenientes da Índia e da Mesopotâmia. Dessa forma, uma grande (e derradeira) ofensiva foi planejada para o mês de setembro. Desde a conquista de Jericó, o inimigo mantinha a maioria de seus meios orientada para as defesas do Jordão. A tentativa de conquistar Salt e Amã reforçou a crença turca de que os ingleses priorizariam o setor leste da frente. Entretanto, Allenby decidiu realizar o esforço decisivo na desprotegida faixa litorânea. Para que sua manobra lograsse êxito, era preciso iludir o inimigo quanto à verdadeira direção do ataque principal.

Inicialmente, seria apenas esse o papel atribuído aos insurretos, uma simples demonstração de força na região de Deraa. De acordo com a narrativa de Lawrence:

> [O general Allenby] me disse, literalmente, que três homens e um menino com pistola diante de Deraa, a 16 de setembro, atenderiam a suas necessidades plenamente. De nada lhe adiantariam milhares de homens uma semana antes ou uma semana depois. A verdade é que ele não se importava com a nossa capacidade de combate e não nos reconhecia como parte integrante da força tática. Para ele, nossa utilidade era moral, psicológica, dialética; manter o inimigo concentrado na frente do Jordão.[16]

Porém, Lawrence e os próprios líderes rebeldes reconheciam o valor político implícito na batalha. Os árabes deveriam ter participação ativa na vitória aliada, se quisessem reivindicar seus direitos na paz que se aproximava. A captura de Damasco, antiga capital do Califado Omíada, primeira grande dinastia árabe-muçulmana, possuía enorme apelo psicológico. Na verdade, aquilo que ingleses e franceses viam como "a conquista da Síria" deveria ser, na perspectiva rebelde, a "libertação da Síria". Portanto, a missão dos revoltosos nessa última etapa da campanha seria capturar Deraa, prosseguir para o norte e ficar em condições de auxiliar na conquista de Damasco.

Batalhão do Corpo Imperial de Camelos empregado em proveito do exército rebelde de Faissal durante a última ofensiva de 1918.

Como finta ou ação diversionária, um batalhão britânico remanescente do Corpo Imperial de Camelos seria enviado do Sinai para destruir a estação ferroviária de Mudauwara. A incursão faria o inimigo acreditar que os rebeldes pretendiam repetir o ataque a Maã. Com o apoio de aeronaves bombardeando as posições turcas, os soldados ingleses sobrepujaram as defesas do oponente e, finalmente, a estação de Mudauwara caiu.

No final de agosto, todo o exército de Faissal pôs-se em marcha com destino à região de Azrak. Era uma coluna imensa, constituída por beduínos, soldados regulares árabes, uma bateria de canhões comandada pelo capitão francês Pisani, carros blindados e dois mil camelos. Dois aeroplanos faziam a escolta aérea da grande força em movimento.

Depois de se estabelecerem em Azrak, os rebeldes deram início às incursões contra os três ramais ferroviários que partiam de Deraa. Com isso, isolaram a Síria da Palestina, impedindo o envio de reforços turcos para o sul ou a retirada de tropas para o norte. Os *raids* seguiam um padrão já consagrado: a combinação de carros blindados, guerreiros tribais montados e apoio de fogo aéreo. A maior parte dos soldados regulares árabes era preservada para o ataque à cidade.

Em 16 de setembro, todo o tráfego ferroviário, em Deraa, estava interrompido. A estação de Mezerib foi saqueada e incendiada. A ponte de Nisib foi explodida. Apenas a aviação turca era capaz de infligir algum dano aos rebeldes. Pela primeira vez, Lawrence realizou um ataque motorizado contra um campo de pouso, destruindo um aparelho em solo. Porém, a situação só se resolveu depois que foram colocadas mais aeronaves à disposição de Faissal.

A ofensiva de Allenby teve início no dia 19 de setembro. As defesas otomanas rapidamente entraram em colapso. O 7º Exército turco desmoronou, enquanto o 4º Exército deixava Amã, em debandada para o norte. Os rebeldes ocuparam Deraa e instalaram um governo civil na cidade. Em seguida, constataram que o inimigo, em fuga, havia massacrado a população da aldeia de Tafas. A represália árabe foi igualmente violenta. Embora estivesse em desacordo com a honra e a tradição da guerra tribal, os prisioneiros foram executados e os feridos não foram poupados.

Os rebeldes seguiram rumo a Damasco no encalço do inimigo. O quartel-general aliado insistia para que nenhuma ação precipitada levasse os árabes a tentar sozinhos capturar a cidade, pois o Corpo Montado Australiano se preparava para o assalto final. Entretanto, os últimos remanescentes turcos deixaram o local no dia 30 de setembro. Sem titubear, o tenente-coronel Lawrence, o xarife Nasir, Nuri Shaalan, Auda e outros xeques entraram em Damasco e hastearam a bandeira árabe no prédio da municipalidade em 1º de outubro de 1918. Estava encerrada a campanha aliada no Oriente Médio.

Entretanto, a situação na cidade era caótica, obrigando Lawrence a se dedicar às chamadas atividades de assuntos civis. A população não

A REVOLTA ÁRABE 97

Guerrilheiros árabes entram em Damasco. Eles esperavam que a captura da cidade representasse a "libertação" da Síria. Porém, as potências europeias transformaram-na em uma "conquista" aliada.

dispunha de alimento, o comércio fechara suas portas, os serviços essenciais estavam suspensos e, particularmente, os inimigos feridos deixados para trás encontravam-se em um estado de extrema penúria. Com vistas a retornar à normalidade o mais depressa possível, a administração árabe determinou a adoção de um conjunto de medidas emergenciais, dentre as quais se destacavam: a decretação de anistia, a aquisição de alimentos para homens e animais, a obtenção de alojamentos para as tropas sem gerar transtorno para os civis, a ativação de uma brigada de incêndio, o funcionamento dos correios, a reabertura do comércio e a melhoria do hospital de campanha.

Conforme observou o historiador Trevor Wilson, em termos puramente militares,

> [...] a Revolta Árabe foi um exemplo extraordinário do que poderia ser conseguido pelas táticas de guerrilha. Dezenas de milhares de soldados regulares turcos foram aferrados por um adversário mal capaz de engajar uma brigada de infantaria num combate convencional. Tal economia de forças foi rara em ambos os lados nesta guerra.[17]

Porém, com o fim das hostilidades, as potências europeias estavam prontas para se entregar à pilhagem dos despojos do Império Turco Otomano. Allenby chegou a Damasco pouco antes de Faissal. Lawrence serviu-lhes de intérprete. Era o primeiro encontro entre os dois líderes. A vitória no campo de batalha já não lhes interessava mais. Questões políticas tornavam-se mais prementes. O emir foi informado de que a Síria se transformaria em um protetorado francês. A sós com o general, Lawrence pediu para retornar à Grã-Bretanha. Deixou Damasco, no dia 4 de outubro de 1918, levando consigo o fardo da culpa por sentir-se um traidor do movimento de independência árabe. Para os principais personagens dessa história, a Primeira Guerra Mundial teve um fim injusto, diante da ambição desmedida das grandes potências.

NOTAS

[1] Peter Demant, *O mundo mulçumano*, 2. ed., São Paulo, Contexto, 2004, p. 58.
[2] Idem, p. 56.
[3] Thomas Edward Lawrence, *Os sete pilares da sabedoria*, São Paulo, Círculo do Livro, s.d., pp. 46-47.
[4] Idem, p. 54.
[5] Idem, p. 55.
[6] Idem, p. 63.
[7] Idem, p. 64.
[8] Idem, p. 69.
[9] A palavra *wadi* pode ser literalmente traduzida como "vale". Trata-se de uma depressão pouco profunda, porém bem definida, nas regiões desérticas do Oriente Médio e norte da África. O *wadi* nada mais é do que o leito de um rio seco ou intermitente, que possui água corrente apenas no período das chuvas. Desempenha papel importante na vida das tribos nômades do deserto, pois, além de possuir fontes, poços e até oásis, serve como rota e itinerário de deslocamento.
[10] Thomas Edward Lawrence, op. cit., p. 111.
[11] Idem, p. 151.
[12] Douglas Orgill, *Lawrence*, Rio de Janeiro, Renes, 1978, p. 55.
[13] Thomas Edward Lawrence, op. cit., pp. 140-83.
[14] Idem, p. 204.
[15] Idem, p. 216.
[16] Thomas Edward Lawrence, op. cit., p. 531.
[17] Malcolm Brown, *Lawrence da Arábia*, Rio de Janeiro, Nova Fronteira, 2007, p. 135.

A ÚLTIMA BATALHA

No dia 11 de novembro de 1918, seis semanas após a conquista de Damasco, um armistício pôs termo à Primeira Guerra Mundial. Lawrence, promovido ao posto de coronel e desfrutando de certa notoriedade, já se encontrava em Londres, à disposição do Comitê Oriental do Gabinete da Guerra. Ele estava prestes a oferecer sua última contribuição à causa árabe.

A retalhação dos territórios otomanos e a redefinição do mapa político do Oriente Médio ocupavam lugar de destaque na agenda diplomática das potências vencedoras. Naturalmente, existiam interesses antagônicos e os povos árabes não possuíam ingerência alguma sobre o curso das negociações. Eles dependiam, exclusivamente, da boa vontade dos governos da França e da Grã-Bretanha de respeitarem os compromissos assumidos durante a guerra contra os turcos.

O cerne do problema, entretanto, encontrava-se no fato de que a Inglaterra assumira compromissos em demasia, muitos dos quais eram conflitantes, tornando-se, dessa forma, impossível honrar a todos satisfatoriamente. Além de atender aos seus próprios interesses políticos e econômicos no Oriente Médio, o governo de Sua Majestade deveria dar respostas condizentes às ambições francesas e às aspirações nacionalistas de árabes e judeus.

O primeiro desses compromissos foi assumido perante a França, principal aliada britânica contra a Alemanha. Entre o final de 1915 e o início de 1916, os secretários de Estado de ambos os países conduziram uma série de negociações sigilosas com vistas a definir a partilha territorial dos domínios otomanos após a guerra. Mark Sykes, da Inglaterra, e Georges Picot, da França, elaboraram um plano que previa a divisão do Oriente Médio levando em conta, sobretudo, a primazia da avidez imperialista.

Segundo o Acordo Sykes-Picot, a baixa Mesopotâmia, incluindo as cidades de Basra e Bagdá, permaneceria sob a administração direta da Grã-Bretanha. O atual Líbano seria entregue aos franceses. A Palestina ficaria sujeita a uma administração internacional. Estados árabes seriam criados nas demais regiões, mas permaneceriam sob a influência do governo de Paris ou de Londres. Isto é, ambas as potências europeias, em suas respectivas "áreas de influência", teriam prioridade de direito de empreendimento e exclusividade para fornecer assessores ou funcionários estrangeiros.

Entretanto, a Inglaterra também se comprometeu a atender às demandas nacionalistas árabes. Um ano antes da sublevação no Hejaz, Hussein e *sir* Henry McMahon trocaram uma série de correspondências, definindo, ainda que de forma bastante imprecisa, os termos de cooperação entre as

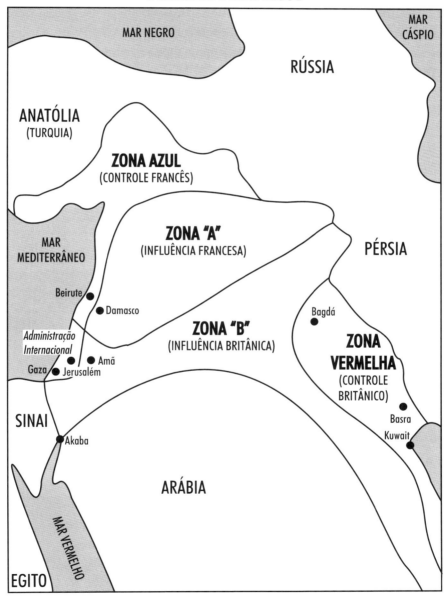

partes. O grande xarife de Meca, em nome de toda a "nação árabe", deixou clara sua intenção de restaurar o "califado árabe-islâmico" constituído por países soberanos. Ele reivindicou independência política, embora oferecesse condições privilegiadas de empreendimentos econômicos aos ingleses. McMahon, por sua vez, ratificou o interesse de Londres em uma "aliança sólida e duradoura", enfatizando a necessidade imediata de expulsar os turcos do Oriente Médio.[1] Deu-se, assim, o envolvimento britânico com a Revolta Árabe.

Por fim, o governo de Sua Majestade, por intermédio de *sir* Arthur James Balfour, secretário do exterior britânico, assumiu compromissos com o movimento nacionalista judaico, também chamado de sionismo, cuja meta era a criação de "um lar nacional para o povo judeu" na Palestina. A famosa Declaração Balfour, de novembro de 1917, dava a aquiescência inglesa às aspirações sionistas:

> O governo de Sua Majestade vê com aprovação o estabelecimento na Palestina de um lar nacional para o povo judeu, e fará todos os esforços para facilitar a obtenção de tal objetivo, ficando claramente expresso que nada será feito que possa prejudicar os direitos civis e religiosos das comunidades não judaicas na Palestina ou os direitos e *status* políticos dos judeus em qualquer outro país.[2]

O brigadeiro Clayton permaneceu como governador militar da Palestina, nomeado por Allenby, até 1918. Em um memorando datado de 11 de março de 1919, ele registrou:

> Estamos empenhados em três políticas distintas na Síria e na Palestina [...]. A experiência dos últimos meses tornou claro que estas três políticas são incompatíveis [...] e que nenhum acordo é possível que será satisfatório para todas as três partes [franceses, árabes e judeus].
>
> [...] É impossível cumprir todas as nossas responsabilidades, e nós somos forçados, portanto, a quebrar ou modificar, pelo menos, um dos nossos acordos.[3]

Os árabes tomaram conhecimento do Acordo Sykes-Picot por mera casualidade. Em outubro de 1917, os revolucionários bolcheviques haviam assaltado o poder na Rússia e, em um gesto de condenação da "política burguesa" do czar deposto, tornaram públicos todos os tratados secretos dos países aliados, incluindo o conchavo franco-britânico. A divulgação do Acordo Sykes-Picot abalou a aliança com o Hejaz. O fato foi muito bem explorado pela propaganda turca. Talvez os insurretos se mostrassem inclinados a aceitar uma proposta para a independência das províncias árabes sob a égide de Istambul. Entretanto, a derrota otomana parecia quase certa e o patrocínio inglês era valioso demais.

Dessa forma, os líderes rebeldes decidiram permanecer fiéis à Grã-Bretanha e tomar parte efetiva na vitória aliada no Oriente Médio, a fim de respaldar suas posteriores reivindicações políticas. Foi o que aconteceu. O exército de Faissal participou da conquista da Síria ao lado da Força Expedicionária do Egito. Mas, quando a paz foi alcançada, a França, infelizmente, mostrou-se irredutível. Ignorando as aspirações nativas, Paris exigiu o estrito cumprimento dos termos expressos no Acordo Sykes-Picot. O ministro do Exterior francês, Monsieur Pichon, foi categórico ao refutar qualquer ideia de concessão política como reconhecimento à contribuição árabe:

> Em nenhum lugar, seja em Damasco, Alepo ou em Mosul, [a França] está disposta a abdicar de qualquer forma dos direitos que lhe são assegurados através do Acordo de 1916, independentemente do regime administrativo provisório instaurado para atender a uma situação militar.[4]

Pichon se referia ao governo árabe instaurado por Faissal em Damasco, quando fez menção a um "regime administrativo provisório". Clayton observou com muita propriedade que o programa sionista na Palestina encontraria dificuldades adicionais se os árabes fossem alienados da Síria, como queriam os franceses.

No início de junho de 1918, Faissal recebeu, em seu acampamento, a visita de Chaim Weizmann, líder do movimento sionista. As pretensões judaicas na Palestina não preocupavam o emir. Ele argumentava que os árabes jamais nutriram qualquer tipo de animosidade racial ou religiosa contra os judeus. Diferentemente de outras regiões do mundo, onde as minorias judaicas eram alvos de constantes perseguições. De fato, não existiam *pogroms* em solo muçulmano, como acontecia na Europa. Durante séculos, os judeus coexistiram com os árabes na Palestina e as relações eram, no mínimo, amistosas.

Faissal, assim como os demais árabes, não reconhecia uma identidade nacional palestina, pois, na verdade, ela ainda não existia. Portanto, não eram os judeus que inquietavam o emir e sim as potências europeias. As duas províncias mais ricas e férteis do Oriente Médio, isto é, a Síria e a Mesopotâmia, seriam controladas, respectivamente, pela França e pela Inglaterra. Cabe ressaltar que as abundantes jazidas de petróleo da península arábica ainda não haviam sido descobertas.

Lawrence esteve física e intelectualmente comprometido com a Revolta Árabe. Não é correto afirmar que, apesar de todo o seu envolvimento com a sublevação no Hejaz, ele tenha se mantido alheio às aspirações árabes, limitando-se a tentar iludir e manipular inescrupulosamente os líderes rebeldes. Por outro lado, como um soldado, ele jamais colocou os interesses nativos acima da política imperial britânica. Era, sem dúvida alguma, uma posição ambivalente, que ele próprio condenava, mas que, na medida do possível, tentou compatibilizar:

> A Revolta Árabe começara em bases falsas. A fim de obter a ajuda do xarife, o gabinete britânico oferecera, através de *sir* Henry McMahon, apoio à instituição de governos árabes em regiões da Síria e da Mesopotâmia, "resguardando-se os interesses dos nossos aliados franceses". Essa última condição servia para encobrir um tratado (que não fora revelado a McMahon e, por conseguinte, também não era do conhecimento do xarife), pelo qual a França, a Inglaterra e a Rússia concordavam em anexar algumas das áreas prometidas e estabelecer suas respectivas esferas de influência sobre todo o resto.

[...] Assim, depois de testarem minha amizade e sinceridade sob fogo, os árabes pediram-me que, na qualidade de agente livre, endossasse as promessas do governo britânico. Eu não tinha qualquer conhecimento prévio ou íntimo das promessas de McMahon e do Tratado Sykes-Picot, que haviam sido formuladas pelo departamento de guerra do Ministério das Relações Exteriores. Mas como não era um idiota rematado, podia perceber que, se ganhássemos a guerra, as promessas aos árabes não seriam cumpridas. Se eu fosse um conselheiro honrado, teria mandado meus homens para suas casas, não permitindo que arriscassem a vida por promessas vãs. Mas a inspiração árabe era o nosso principal instrumento para ganhar a guerra no Oriente. Assim, tratei de garantir que a Inglaterra sempre cumpria suas promessas [...] eles fizeram tudo que esperávamos. Mas eu, ao invés de me sentir orgulhoso [...] tornava-me cada vez mais amargurado e envergonhado.[5]

Lawrence acreditava que somente com uma participação decisiva na vitória aliada, os árabes poderiam respaldar suas reivindicações políticas no duro jogo diplomático do pós-guerra:

[...] Por vingança, jurei a mim mesmo que faria com que a Revolta Árabe se tornasse o instrumento de seu próprio sucesso, além de ajudar nossa campanha egípcia; haveria de levá-la a uma vitória final tão espetacular que a conveniência aconselharia as grandes potências a atenderem às reivindicações morais dos árabes. Isso exigia que eu sobrevivesse à guerra e ganhasse a batalha posterior das reuniões do gabinete [...].[6]

No Comitê Oriental do Gabinete da Guerra, em Londres, o coronel Lawrence insistiu na defesa dos interesses nativos, em detrimento das pretensões francesas sobre o território sírio-libanês. Valendo-se do anonimato, publicou no *The Times* uma série de artigos que postulavam o direito dos árabes à soberania e autodeterminação, assegurando que era uma reivindicação justa, em face da contribuição que esses povos haviam oferecido às armas aliadas na luta contra o Império Turco Otomano.

Em janeiro de 1919, durante a Conferência de Paz de Paris, Lawrence foi nomeado para integrar, como intérprete e conselheiro, a delegação árabe chefiada por Faissal. O coronel Lawrence manteve-se ao lado do emir, vestindo o tradicional uniforme cáqui do exército britânico, mas ornado com o característico *kifir* árabe na cabeça. Ele fazia uso deliberado de sua própria imagem para chamar a atenção em prol da causa que advogava. Porém, diante de uma França irredutível, os termos da Conferência de Paz representaram uma grande derrota diplomática para os nacionalistas árabes.

Pouco depois, Lawrence se envolveu em um acidente aéreo rumo ao Cairo. Apesar da morte do piloto, ele sofreu apenas ferimentos leves. Nessa época, circularam rumores infundados de que ele se dirigia ao Oriente Médio com o intuito de aliar-se a Faissal para promover uma nova revolta, dessa vez contra a presença militar francesa na Síria.

Em agosto, o documentário sensacionalista produzido por Lowell Thomas estreou nas salas de projeção de Londres. Durante a guerra, em Jerusalém, Lawrence havia sido apresentado ao jornalista norte-americano por intermédio de Ronald Storrs. Naquela ocasião, as histórias sobre o pequeno oficial britânico em vestes beduínas despertaram a curiosidade (e a imaginação) de Lowell Thomas. Agora, o sucesso de seu trabalho transformava Lawrence em uma celebridade. Surgia, assim, a lenda do "rei sem coroa da Arábia".

A fama lhe foi útil em seu derradeiro esforço pela causa árabe. Em 1921, Winston Churchill, que durante a guerra desempenhara as funções de primeiro lorde do almirantado (uma espécie de comandante em chefe naval), foi nomeado ministro das colônias. Determinado a rever o arranjo político do Oriente Médio, Churchill convidou Lawrence a servir como seu assessor no Colonial Office.

Dessa vez trajando terno e gravata, Lawrence compareceu à Conferência do Cairo e viajou, como representante diplomático, para Jeddah, Amã e Aden. A Síria estava definitivamente perdida sob um mandato francês. Mas, em 1922, chegou-se a um acordo um pouco menos lesivo. Hussein foi reconhecido rei do Hejaz. Abdulla ficou com os territórios a leste do rio Jordão,

A ÚLTIMA BATALHA 109

Redefinindo o mapa do Oriente Médio: Winston Churchill, ministro das colônias, acompanhado de sua esposa Clementine e do Emir Abdulla, no Egito, durante a Conferência do Cairo.

110 LAWRENCE DA ARÁBIA

denominados Transjordânia (atual Jordânia) e Faissal foi entronado rei da Mesopotâmia, que, a partir de então, passou a se chamar Iraque. Assim sendo, podemos constatar que a atual configuração política do Oriente Médio decorre do desigual jogo diplomático levado a efeito nos anos que se seguiram à desintegração do Império Turco Otomano.

Embora Lawrence tenha acreditado que os acordos decorrentes da Conferência do Cairo honraram os compromissos assumidos por *sir* Henry McMahon em nome do governo inglês, os árabes ainda se ressentiam da política colonialista praticada pelas potências europeias no Oriente Médio e imputaram-lhe parte da culpa pela perda da Síria e pela excessiva ingerência ocidental. Como disse o escritor Fernando Monteiro, Lawrence tornara-se, assim, o "rei sem coroa – e também sem perdão – da Arábia".[7]

Hussein não permaneceu por muito tempo no trono de Meca. O xeque Ibn Saud, que não se envolvera com a Revolta Árabe por aversão aos hachemitas, iniciou, logo em 1919, uma campanha para conquistar o Hejaz. Saud era senhor do Nedj, planalto que ocupa a porção central da península arábica, e contava com o apoio do movimento fundamentalista islâmico *Wahhab*.[8] Hussein, que, por rancor, se recusara a renovar a aliança com a Inglaterra, viu-se diante de uma situação insustentável. Em 1924, ele foi obrigado a abdicar em favor de seu filho mais velho. Entretanto, Ali também não foi capaz de se sustentar no poder. Em 1926, Ibn Saud proclamou-se rei do Hejaz e do Nedj, unificando-os posteriormente para dar forma ao país que, hoje, leva o seu nome, a Arábia Saudita. Hussein fugiu para o Chipre e, depois de anos no exílio, morreu em Amã, em 1931.

No Iraque, antiga Mesopotâmia, Faissal permaneceu no trono até a sua morte, em 1933, vítima de câncer. A dinastia hachemita foi extinta, em julho de 1958, por meio de um golpe de Estado, que abriu caminho para a crescente influência do partido Ba'ath, um partido nacionalista laico surgido na Síria. Em 1979, Saddam Hussein chegou ao poder.

Apenas na Jordânia a Casa hachemita mantém-se como autoridade constituída.

Reinos hachemitas após a Revolta Árabe (adaptado de Albert Hourani)

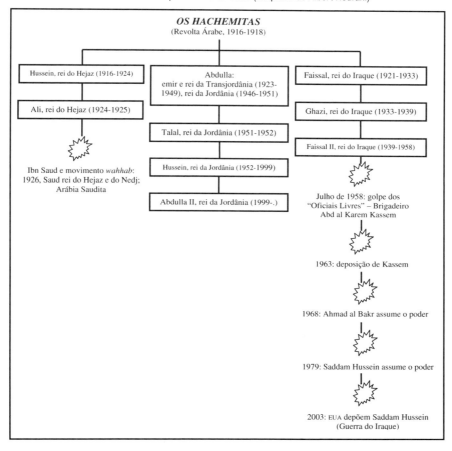

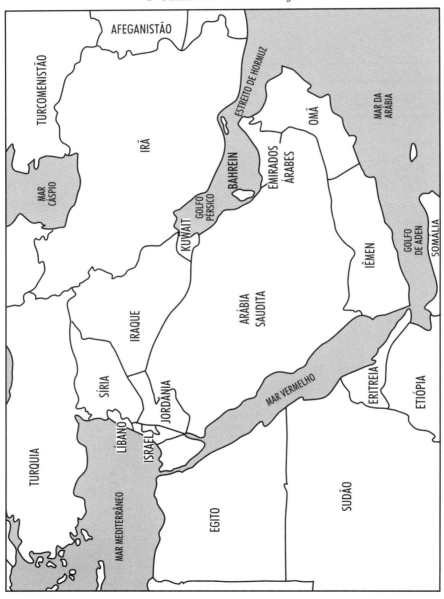
O ORIENTE MÉDIO HOJE

NOTAS

[1] André Gattaz, *A guerra da Palestina*, São Paulo, Usina do Livro, 2002, pp. 37-9.
[2] Idem, p. 43.
[3] T. E. Lawrence Studies. T. E. Lawrence e o sionismo. Disponível em: <http://www.telstudies.org>, acesso em: 22 set. 2009.
[4] Idem, ibid.
[5] Thomas Edward Lawrence, *Os sete pilares da sabedoria*, São Paulo, Círculo do Livro, s.d., p. 265.
[6] Idem, p. 266.
[7] Fernando Monteiro. *T. E. Lawrence: morte num ano de sombra*, Rio de Janeiro, Record, 2000, p. 41.
[8] O wahhabismo é um dos mais vigorosos movimentos fundamentalistas islâmicos da atualidade. Surgiu, ainda no século XVIII, na região do Nedj, graças ao esforço empreendido por Mohamed ibn Abd al Wahhab para purificar o Islã. Encontra-se firmemente enraizado na dinastia saudita, numa relação mútua de sustentação do poder.

Thomas Edward Shaw

Após os acordos do Cairo, Lawrence se afastou do Colonial Office. Os próximos anos revelaram um homem que não estava em paz consigo mesmo. Fugindo do passado, ele encontrou no anonimato uma espécie de "suicídio simbólico". Escondeu-se do público, em um degredo voluntário, pois a fama não lhe era mais útil.

Pouco depois da guerra, ele começou a escrever *Os sete pilares da sabedoria*. Deixou o exército e devolveu todas as condecorações que recebera por sua participação na Revolta Árabe. Nunca mais se apresentou como coronel.

Lawrence encontrava-se sozinho em Londres. William e Frank haviam morrido, em 1915, na frente ocidental. Seu pai falecera, em 1919, durante a Conferência de Paz de Paris. A casa da família, em Oxford, foi vendida. Sua mãe, Sara, e seu irmão mais velho, Robert, viajaram para a China como missionários cristãos. Arnold, o irmão caçula, também se encontrava fora da Inglaterra, especializando-se em Arqueologia Clássica.

Em agosto de 1922, após o término de sua missão diplomática no Colonial Office, Lawrence subitamente desapareceu. Valendo-se de um nome falso, ele se alistou como soldado raso na Real Força Aérea britânica (Royal Air Force – RAF). Assim, o "rei sem coroa da Arábia" se tornou o recruta John Hume Ross. Entretanto, sua verdadeira identidade não foi preservada por muito tempo. Quando os repórteres descobriram seu paradeiro, a imprensa o trouxe de volta às manchetes dos jornais. O comando da RAF não hesitou, livrou-se do inconveniente soldado licenciando-o de suas fileiras.

Em 1923, ele se incorporou ao exército com o nome de Thomas Edward Shaw. Foi designado para servir em Bovington, no condado de Dorset, onde comprou uma pequena cabana na região de Clouds Hill. Em 1925, graças a algumas amizades influentes, voltou à RAF. No ano seguinte, publicou a restrita edição, só para assinantes, de *Os sete pilares da sabedoria* e, em 1927, a versão simplificada intitulada *Revolta no deserto*.

Nesse mesmo ano, foi transferido para a base aérea de Karachi, no noroeste da Índia (o Paquistão ainda "não existia") e, logo em seguida, para a guarnição isolada de Miranshah, próximo à cidade de Peshawar, junto à turbulenta fronteira afegã. Lawrence adotou os procedimentos legais para a mudança de identidade e passou a se chamar, de fato, Thomas Edward Shaw. Escreveu *The Mint*, que só foi publicado em 1955. Dedicou-se, então, ao seu próximo projeto literário, a tradução da *Odisseia* de Homero.

Em 1929, as principais agências de notícias enviaram para Miranshah seus repórteres, pois uma nova insurreição eclodira entre as belicosas tribos do Afeganistão. Naqueles confins, o soldado Shaw chamou a atenção de um correspondente norte-americano. O curioso jornalista julgava aquele pequeno homem familiar e, após alguma reflexão, concluiu: "Lawrence da Arábia"! A notícia correu o mundo: o "espião" britânico envolvido em mais uma revolta nativa. O governo de Sua Majestade viu-se obrigado a dar explicações. Manifestantes, em Londres, queimaram um boneco de Lawrence em sinal de protesto contra a política imperialista britânica. O comando da RAF retirou seu soldado da Índia e transferiu-o para a base de hidroaviões em Cattewater, no canal da Mancha, onde ele seria apenas um simples mecânico de embarcações.

Além da leitura, encontrou paixão na velocidade. Tornou-se um aficionado por lanchas e motos. Em fevereiro de 1935, o tempo de serviço de Shaw estava encerrado. Desligado da RAF, aos 46 anos de idade, ele discretamente se retirou para a tranquilidade de seu chalé em Clouds Hill. Na manhã do dia 13 de maio, Shaw saboreou, pela última vez, a velocidade de sua motocicleta.

O legado de Abu Markha

O mito de "Lawrence da Arábia" foi construído em torno de suas façanhas como líder guerrilheiro, embora ele não tenha exercido, por prudência, o comando direto de grupos rebeldes. Seus feitos em campanha, ao lado dos irregulares árabes, o transformaram em uma lenda, mas foram suas ideias que, de fato, o colocaram à frente de seu tempo. Lawrence foi um visionário. Portanto, a magnitude de seu pensamento e suas ações só pode ser corretamente dimensionada e avaliada se confrontada com a trágica realidade dos duelos de artilharia e com o genocídio de infantes praticado nas trincheiras da Primeira Guerra Mundial.[1]

No início do século XX, a Europa vivia toda a pujança das sociedades industriais. O nacionalismo estava na moda e a doutrina militar também era influenciada pelos preceitos da nova era. A ferrovia permitia a rápida mobilização e concentração de tropas. O armamento nunca fora tão letal, graças, sobretudo, ao advento da metralhadora e aos aperfeiçoamentos introduzidos na artilharia de campanha. O telégrafo melhorava sobremaneira o sistema de comando e controle dos exércitos. A conscrição em massa permitia uma oferta abundante de recrutas. A precariedade do adestramento podia ser facilmente compensada pela farta disponibilidade de novos soldados, aptos a substituir os que tombassem. Os oficiais tornaram-se assíduos leitores de Clausewitz, o grande teórico prussiano, apologista da guerra total.

Porém, quando as hostilidades irromperam em agosto de 1914, pôde-se perceber que a tática não havia evoluído de forma tão rápida quanto os transportes, o armamento ou as comunicações. As hordas de conscritos mal treinados, cujo principal atributo era sua faculdade de "morrer pela pátria", estavam condenadas a perecer diante do fogo implacável das metralhadoras. As grandes ofensivas se sucediam, precedidas por dias de intenso bombardeio, mas, ainda assim, os exércitos se mostravam incapazes de romper o emaranhado de trincheiras e arame farpado. A cada nova batalha, que se prolongava por meses de matança, centenas de milhares de vidas eram ceifadas inutilmente.

Em 1915, por exemplo, 48.200 franceses e 48.267 ingleses morreram durante a 3ª Batalha de Artois-Loos. As perdas francesas na 2ª Batalha de Champagne chegaram a 143.567 homens. No ano seguinte, a Batalha de Verdun matou 281.000 alemães e 315.000 franceses. Ainda em 1916, a Batalha do Somme produziu 419.654 baixas britânicas e 194.451 francesas. A Batalha de Flandres vitimou 158.000 britânicos e 150.000 alemães. A ofensiva no Aisne causou 187.000 baixas francesas e 163.000 alemãs. Em todos esses exemplos, o ganho tático, isto é, o avanço no terreno, quando

O genocídio das trincheiras na Europa: Lawrence, com sua aguçada percepção da guerra irregular, opunha-se à crença ocidental no poder irrestrito dos canhões. Para ele, as batalhas de atrito no melhor estilo de Clausewitz não passavam de uma carnificina inútil.

houve, foi pífio. Em alguns casos, não passou de poucos quilômetros de terra revolvida por granadas de artilharia.[2]

Estadistas e militares insistiam com veemência nessa carnificina. Entretanto, Lawrence não era um soldado profissional e, por esse motivo, não estava impregnado do dogmatismo intransigente do início do século passado. Ele não compartilhava da crença ocidental no poder dos canhões e, assim, pôde perceber que uma insurreição possuía características próprias, distintas das tradicionais formas de beligerância. "A rebelião não era como a guerra; na verdade, estava mais para a natureza da paz"[3] – escreveu. Porém, sua compreensão acerca das singularidades da Revolta Árabe era imperfeita. Foi somente em meados de março de 1917, no acampamento do emir Abdulla, em Abu Markha, que Lawrence definiu mais claramente suas ideias. Com o passar do tempo, ele foi lapidando sua teoria.

O primeiro paradigma a ser superado dizia respeito à real utilidade das batalhas de atrito:

> [...] Eu não era um palhaço que apregoava as teorias de Foch, como eles [os militares profissionais] faziam, com a cabeça inebriada pela perspectiva de derramamento de sangue, ao melhor estilo de Clausewitz.
>
> [...] a guerra de Foch parecia apenas uma variante do extermínio [...]. Podia-se perfeitamente chamá-la de "guerra de assassinato".[4]

Ele concluiu que a obsessão dos soldados pela "batalha decisiva" era totalmente inadequada à realidade da guerra tribal:

> [...] comecei a definir os alvos da guerra. Os livros descreviam uma parte, a destruição das forças inimigas através de um processo, a batalha. A vitória só poderia ser conquistada pelo sangue. Era algo que não se aplicava muito ao nosso caso.
>
> [...] As batalhas na Arábia eram um equívoco [...] nossa melhor ação era não defender nada, não atirar em nada. Nossos trunfos eram a velocidade e o tempo, não a capacidade de agressão. Quase todas as guerras eram guerras de contato, em que as duas forças se empenhavam nele a fim de evitar alguma surpresa tática. A nossa deveria ser uma guerra de separação. Deveríamos conter o inimigo pela ameaça de um deserto vasto e desconhecido, sem revelar a nossa presença, até o momento de atacar.[5]

Lawrence foi além e compreendeu o valor vital do apoio da população. Contrariando o ímpeto destrutivo dos generais, concluiu que a dimensão psicológica da luta tinha mais importância que sua dimensão física: "uma província seria conquistada quando ensinássemos aos civis que nela habitavam a morrer por nosso ideal de liberdade. A presença do inimigo era secundária".[6]

Fazendo uso do termo "pregação" para definir o que, hoje, é conhecido como "operações psicológicas", Lawrence identificou no proselitismo ideológico uma arma e determinou os segmentos que constituíam públicos-alvo distintos:

> Eu não percebera que a pregação já era uma vitória, e que a luta em si não passava de uma ilusão. No momento ainda vinculava as duas coisas. Felizmente, como Faissal gostava de mudar as mentes dos homens mais do que destruir ferrovias, a pregação correu melhor do que o esperado.
>
> Nossa "propaganda" [...] era mais sutil do que a tática e valia mais a pena ser feita, porque lidava com o incontrolável, com coisas que escapavam à ordem direta [...]. Tínhamos de arrumar suas mentes [dos guerrilheiros] em ordem de batalha, com o mesmo cuidado que outros oficiais [regulares] arrumavam formalmente seus corpos [...]. Devíamos também arrumar as mentes do inimigo, na medida em que pudéssemos alcançá-las. Havia também as outras mentes que nos apoiavam por trás da linha de combate, já que mais da metade da batalha se travava na retaguarda. E não podíamos esquecer as mentes da nação inimiga [...] assim como os neutros que nos observavam.[7]

Além disso, reconheceu a utilidade dos modernos meios de comunicação de massa: "a imprensa e todos os meios de comunicação recentemente descobertos favoreciam o intelecto acima do físico".[8]

Para ele, os grandes combates deveriam dar lugar às pequenas incursões, pois a disciplina constante das ordens clássicas de batalha divergia da natureza anárquica dos beduínos. Por outro lado, os homens das tribos nômades do deserto, habituados às expedições de pilhagem, revelavam-se exímios guerrilheiros. Para que obtivessem êxito, suas ações deveriam seguir os princípios da rapidez, surpresa, ataque a pontos fracos e independência das artérias de suprimento:

> [...] Nossa tática se basearia em ataques inesperados e recuos subsequentes, não em ofensivas. Nunca deveríamos tentar consolidar e aprofundar uma vantagem. Deveríamos usar a menor força, com a maior rapidez, no local mais distante.

[...] Nossas batalhas se travavam em minutos, a trinta quilômetros horários. A surpresa era o nosso principal aliado.

[...] quanto mais desguarnecido o alvo, maior seria o sucesso tático [...] desenvolvendo o hábito de jamais empenhar o inimigo em combate.

[...] precisávamos estar preparados e postos no lugar em que nosso peso e nossas táticas fossem menos esperados e mais danosos.

[...] Vivíamos de nossa precariedade e derrotávamos os turcos com a nossa incerteza.[9]

Os turcos revelaram-se incapazes de se opor à insurgência árabe. Na verdade, um exército regular, por mais poderoso que fosse, era demasiado lento e burocratizado para fazer frente à difusa ameaça guerrilheira. Quanto maior seu aparato logístico, mais pesado e vulnerável ele se tornava. Em uma insurreição, a assimetria de poder tornava-se uma vantagem nas mãos dos mais fracos:

Os desdobramentos administrativos da guerra científica haviam afetado a sua mobilidade e destruído o seu ímpeto.

[...] A falta de iniciativa irremediável dos turcos fazia de seu exército uma massa dependente de direção; assim, destruindo os telégrafos, contribuíamos decisivamente para transformá-lo numa turba sem líder.

[...] Os turcos eram estúpidos; os alemães por trás deles eram dogmáticos. Pensariam que a rebelião era absoluta como a guerra e a enfrentariam com base na analogia da guerra. Só que a analogia nas coisas humanas era sempre impalpável. Fazer guerra a uma rebelião era algo lento e incômodo, como tomar sopa com uma faca.

[...] Os exércitos eram como plantas, imóveis, enraizados, alimentados através de hastes compridas. Podíamos ser um vapor, soprando por toda parte. Nossos reinos estavam na mente de cada homem. Como nada queríamos de material com que viver, nada podíamos oferecer de material para matar. Parecia que um soldado regular podia tornar-se impotente sem um alvo, subjugando apenas aquilo para que podia apontar seu fuzil, sob ordens.

[...] Mas suponhamos que fôssemos (como podíamos ser) uma influência, uma ideia, uma coisa intangível, invulnerável, sem vanguarda nem retaguarda, pairando por toda parte como um gás?[10]

O sucesso de Lawrence foi, em grande parte, devido à sua habilidade para lidar com pessoas de outra cultura. Durante sua "peregrinação armada", ele, de fato, se esforçou para conquistar o respeito dos nativos, a fim de influenciá-los mais facilmente. Seu comportamento exótico, por vezes teatral, mostrou-se adequado ao papel que ele mesmo procurou desempenhar. Ele não se vestia como um reles beduíno, por exemplo. Ao contrário, ostentava trajes caros de um xeque. Pagava muito bem sua guarda pessoal, constituída por cerca de noventa guerreiros de escol montados em excelentes animais. De acordo com o relato do coronel Joyce, "sua bravura e resistência física capturaram a imaginação deles. Os sucessos iniciais fizeram *El Orens*, como os árabes o chamavam, nome famoso no deserto, e havia sempre competição entre os xeques para cavalgar ao seu lado em uma surtida".[11]

Em agosto de 1917, Lawrence publicou o texto intitulado *Vinte e sete artigos* no *Boletim Árabe*, um informativo de circulação restrita ao quartel-general. Seu teor reunia um conjunto de instruções destinado aos oficiais britânicos que serviriam como assessores militares junto aos rebeldes. Lawrence, em seu preâmbulo, afirmava que a manipulação dos árabes do Hejaz era uma arte, não uma ciência.[12] Seguia-se, então, uma série de sugestões pessoais relativas ao trato com os povos nômades do deserto. Algumas ideias revelavam sua sensibilidade cultural – com justiça, Lawrence é considerado atualmente precursor daquilo que os soldados denominam "inteligência etnográfica":

[...] Os árabes formam suas decisões em matéria de exterioridades que ignoramos. Quando chegar ao círculo íntimo de uma tribo, você poderá fazer o que quiser consigo mesmo e com eles.

Saiba tudo que puder sobre o seu xarife e os beduínos. Conheça suas famílias, clãs e tribos, amigos e inimigos, poços, morros e estradas. Faça tudo isso ouvindo e pela observação indireta. Não faça perguntas. Tente falar a língua deles e não a sua. Até que você possa entender as alusões deles, evite aprofundar uma conversa, ou você estará dando passos em falso.

[...] O início e o fim do segredo de lidar com os árabes é o incessante estudo deles. Mantenha-se sempre em guarda, nunca diga uma coisa desnecessária: atenção a si mesmo e a seus companheiros. Ouça tudo o que se passa, procure descobrir o que está acontecendo sobre a superfície, leia os personagens, descubra os seus gostos e suas fraquezas, e mantenha tudo o que descobrir só para você [...]. Seu sucesso será proporcional à quantidade de esforço mental que você dedicar a ele.[13]

Além de breves considerações sobre o uso de indumentárias nativas, a rotina entre os árabes e a eficiência das práticas de guerra tribal, os *Vinte e sete artigos* orientavam um futuro assessor quanto às melhores formas de persuadir e manipular os beduínos:

Um xeque de uma tribo não pode dar ordens a homens de outra tribo. É preciso um xarife para comandar forças tribais mistas.

[...] Nunca dê ordens a ninguém [...]. Seu lugar é como consultor e seu conselho deve ser dado ao comandante sozinho.

[...] Nunca tente fazer demais com as próprias mãos. É melhor que os árabes façam algo tolerável do que você fazê-lo perfeitamente por eles. É a guerra deles e você está lá para ajudá-los, não para vencê-la no lugar deles.

[...] Conquiste e mantenha a confiança do líder local. Reforce o seu prestígio, antes que outros o façam. Nunca recuse ou revogue uma ordem dele, mas garanta que elas sejam primeiramente apresentadas a você em particular. Sempre aprove os planos do seu xeque e, depois de elogiá-los, modifique-os aos poucos, fazendo com que as sugestões partam dele próprio, até que tudo esteja de acordo com o que você deseja [...]. Quando chegar o momento da ação, coloque-se publicamente sob suas ordens.

[...] Permaneça em contato com o líder local [...]. Visitas formais para dar conselhos não são tão boas quanto a constante disseminação de ideias em conversas casuais.[14]

Lawrence em Damasco após a vitória aliada no Oriente Médio: com seu conhecimento etnográfico, o oficial britânico tornou-se precursor das atividades de "inteligência cultural". Ele considerava o apoio da população nativa mais importante que o efeito destrutivo das batalhas.

Apesar das idiossincrasias culturais, Lawrence e outros assessores militares britânicos foram muito bem-sucedidos em seu trabalho. As rivalidades entre as tribos do deserto, em particular, exigiam especial atenção e tato. Ainda assim, eles encontraram a fórmula certa para auxiliar o movimento de independência árabe, sem perder o foco nos interesses ingleses:

> Não podíamos misturar ou combinar tribos, por causa das desconfianças recíprocas. Também não podíamos usar uma tribo no território da outra.
> [...] Em conjunto, não eram formidáveis, já que não possuíam um espírito de união, disciplina ou confiança mútua. Quanto menor a unidade, melhor o seu desempenho. Mil homens constituíam uma turba descontrolada, completamente ineficaz diante de uma companhia de turcos bem treinados. Mas três ou quatro árabes, em suas colinas, podiam deter uma dúzia de turcos.

[...] Sempre tivéramos por princípio só dar ordens aos árabes através de seus próprios chefes. Assim não havia precedente para a obediência ou desobediência – e eles nos seguiam como cordeirinhos [...]. Eram nossos fantoches, lutando encarniçadamente contra o inimigo.[15]

É possível que as ideias de Lawrence acerca da insurgência constituam seu principal legado. Muitos soldados do século XXI têm recorrido às páginas de *Os sete pilares da sabedoria* com o intuito de compreender melhor os conflitos da era da informação. Seus *Vinte e sete artigos* têm sido frequentemente citados nos círculos especializados. Afinal, a ocorrência de grandes batalhas genocidas como Verdun, Somme e Flandres é cada vez mais improvável. Porém, a luta contra rebeldes, terroristas, insurretos e guerrilheiros faz parte inegável dos nossos dias.

Lawrence, com sua participação na Revolta Árabe, demonstrou como o uso de irregulares nativos pode complementar, apoiar e ampliar uma confrontação militar formal. O emprego de carros blindados e aeroplanos em incursões de beduínos constitui um bom exemplo de como a moderna tecnologia pode ser eficazmente combinada com métodos primitivos de beligerância. Sua aguçada percepção do ambiente de conflito revelou que até mesmo os menores escalões não podem ser exclusivamente absorvidos por meras considerações táticas, perdendo, assim, o foco de aspectos políticos e estratégicos mais amplos. Lawrence provou que, no combate, o efeito psicológico e o valor da propaganda devem ser mais importantes que a destruição e o número de corpos deixados para trás no campo de batalha.

Entretanto, a grande lição extraída da Revolta Árabe e da própria campanha aliada no Oriente Médio diz respeito ao uso da guerra como um instrumento político. A vitória militar torna-se desprovida de sentido, quando não lança as bases de uma paz justa e duradoura. A diplomacia falha quando não permite que as necessidades e aspirações da população local se sobreponham a interesses políticos e econômicos imediatos. O Estado é derrotado quando não se mostra capaz de construir um ambiente próspero e estável, acreditando apenas no poder destrutivo de seus exércitos.

NOTAS

[1] Alessandro Visacro, *Guerra irregular*, São Paulo, Contexto, 2009, pp. 49 e 54.
[2] J. F. C. Fuller, *A conduta da guerra*, Rio de Janeiro, Bibliex, 1966, pp. 155-6, 159-61.
[3] Thomas Edward Lawrence, *Os sete pilares da sabedoria*, São Paulo, Círculo do Livro, s.d., p. 140.
[4] Idem, pp. 417 e 184. Ferdinand Foch (1851-1929): general francês que desempenhou papel decisivo no curso da Primeira Guerra Mundial. Exerceu as funções de comandante do exército francês, chefe do Estado-Maior Geral e comandante supremo das forças aliadas na frente ocidental. Suas ideias acerca da conduta da guerra o aproximaram da teoria de Clausewitz. De certo modo, Foch personificou o obtuso pensamento militar do início do século XX, preso aos conceitos de guerra absoluta e destruição total das forças armadas do inimigo.
[5] Idem, pp. 182, 187 e 189.
[6] Idem, p. 190.
[7] Thomas Edward Lawrence, op. cit., pp. 168-88.
[8] Thomas Edward Lawrence, op. cit., p. 188.
[9] Idem, pp. 187-99, 324-5, 379 e 533.
[10] Idem, pp. 130, 593, 186-5.
[11] Malcolm Brown, *Lawrence da Arábia*, Rio de Janeiro, Nova Fronteira, 2008, p. 118.
[12] Thomas Edward Lawrence, *Vinte e sete artigos*, disponível em: <http://www.telstudies.org>, acesso em: 22 set. 2009.
[13] Idem, ibidem.
[14] Idem, ibidem.
[15] Thomas Edward Lawrence, op. cit., pp. 132, 326, 541 e 569.

CRONOLOGIA

1888	16 de agosto: Thomas Edward Lawrence nasce em Tremadoc, norte do País de Gales. É o segundo filho do casal Thomas Chapman e Sara Junner.
1896	A família Lawrence se estabelece definitivamente em Oxford.
1896 a 1907	Aluno do Oxford High School.
1907	Ingressa como bolsista no Jesus College, da Universidade de Oxford.
1909	Inspirado pela obra de C. M. Doughty, Lawrence realiza sua primeira viagem ao Oriente Médio, pesquisando castelos medievais.
1910	Graduado com louvor em História, defendendo a tese *A influência das cruzadas na arquitetura militar europeia, até o fim do século XII.*
1910 a 1914	Retorna ao Oriente Médio como membro da comissão arqueológica chefiada por D. G. Hogarth. Participa das escavações no sítio de Carchemish, sob o comando de Leonard Woolley.

1914	Em janeiro, Lawrence participa da expedição de levantamento do Sinai ao lado do capitão de engenharia Stewart Francis Newcombe.
	28 de junho: assassinato do arquiduque Francisco Ferdinando, herdeiro do trono austro-húngaro.
	1º de agosto: eclode a Primeira Guerra Mundial.
	3 de agosto: o Império Turco Otomano entra na guerra ao lado das Potências Centrais (Alemanha e Áustria-Hungria).
	Em outubro, Lawrence é convocado a servir na Seção Geográfica do Estado-Maior, no War Office, em Londres.
	Em dezembro, ele é transferido para o Departamento de Inteligência no Cairo (Egito).
1915	Lawrence perde dois irmãos na frente ocidental (William e Frank).
	Em julho, iniciam-se as negociações entre Hussein e McMahon, para definir a ajuda inglesa ao movimento sedicioso do Hejaz.
	7 de dezembro: tropas britânicas sob o comando do general Townshend são cercadas em Kut el Amara, na Mesopotâmia.
1916	Em março, Lawrence é enviado para tentar a suspensão do cerco em Kut el Amara. A missão fracassa.
	29 de abril: general Townshend se rende.
	16 de maio: conclusão do secreto Acordo Sykes-Picot.
	No início de junho, eclode a insurreição no Hejaz.
	16 de outubro: Lawrence desembarca em Jeddah como membro da comitiva de Ronald Storrs.
	Em dezembro, Lawrence é designado "conselheiro militar" do emir Faissal e retorna à Arábia.

1917	2 de janeiro: sete meses após o início da sublevação no Hejaz, Lawrence participa de sua primeira ação de combate. 25 de janeiro: forças rebeldes sob o comando de Faissal capturam o porto de Wejh. 15 a 25 de março: Lawrence adoece no acampamento do emir Abdulla, em Abu Markha. 9 de maio: início da expedição para a conquista de Akaba. 27 de junho: o general Allenby é nomeado comandante da Força Expedicionária do Egito. 6 de julho: rebeldes capturam o porto de Akaba. 24 de outubro: início da expedição ao vale do rio Yarmuk. 2 de novembro: Declaração Balfour. Em novembro, os britânicos atacam na Palestina. Os bolcheviques russos tornam público o Acordo Sykes-Picot. 9 de dezembro: soldados britânicos conquistam Jerusalém. 11 de dezembro: entrada solene do general Allenby em Jerusalém.
1918	24 de janeiro: Batalha de Tafilah. 19 de setembro: início da última ofensiva britânica na Palestina. 1º de outubro: Lawrence e os líderes rebeldes ocupam Damasco. 4 de outubro: Lawrence deixa Damasco. 11 de novembro: o armistício põe fim à Primeira Guerra Mundial.
1919	De janeiro a outubro: Conferência de Paz de Paris. O coronel Lawrence é designado tradutor e assessor da delegação árabe chefiada pelo emir Faissal. Em abril, o pai de Lawrence morre. Em agosto, estreia o documentário produzido por Lowell Thomas.
1921 e 1922	Winston Churchill, ministro das Colônias, revê o arranjo político do Oriente Médio. Lawrence participa das negociações, como assessor do Colonial Office. Faissal é proclamado rei do Iraque e seu irmão, Abdulla, emir da Transjordânia.
1922 a 1925	Lawrence se esconde no anonimato, alistando-se como recruta na Royal Air Force (RAF). Muda seu nome para Thomas Edward Shaw.

1926	Lawrence publica uma restrita edição, só para assinantes, de *Os sete pilares da sabedoria*. Na Arábia, o xeque Ibn Saud depõe os hachemitas e unifica as coroas do Hejaz e do Nedj.
1927	Lawrence publica *Revolta no deserto*.
1928 e 1929	Lawrence, ou melhor, Shaw serve em Karachi e Miranshah (atual território paquistanês).
1931	4 de junho: Hussein ibn Ali, xarife de Meca, morre em Amã.
1933	8 de setembro: Faissal morre vítima de câncer.
1935	26 de fevereiro: Thomas Edward Shaw deixa a RAF por término do tempo de serviço. 13 de maio: sofre acidente de motocicleta na estrada de Clouds Hill. 19 de maio: morre no hospital militar de Bovington, vítima de traumatismo craniano. 21 de maio: enterrado no cemitério de Moreton. Compareceram à cerimônia: Winston Churchill, Lloyd George, Ronald Storrs e Stewart Newcombe.
1946	25 de maio: Abdulla é proclamado rei da Transjordânia.
1948	Criação do Estado de Israel.
1948 e 1949	Guerra de Independência de Israel.
1949	A Transjordânia passa a se chamar Jordânia.
1951	20 de julho: Abdulla é assassinado em Jerusalém.
1958	14 de julho: um golpe de Estado encerra a dinastia hachemita no Iraque.
1962	A superprodução *Lawrence da Arábia*, dirigida por David Lean, é vencedora de sete Oscars e 18 outros prêmios, incluindo quatro Globos de Ouro. No elenco: Peter O'Toole (Lawrence), Alec Guinness (Faissal), Omar Sharif (Ali) e Anthony Quinn (Auda).

GLOSSÁRIO

Batalha de atrito – forma de combate orientada essencialmente para a destruição dos meios militares do inimigo. Caracteriza-se, em geral, pela devastação decorrente da aplicação de enorme poderio bélico convencional e, por conseguinte, pelo elevado número de vítimas.

Cabeça de ponte – posição inicial que o escalão de vanguarda de uma força atacante conquista na margem oposta de um rio obstáculo, permitindo, após consolidada a defesa de seu perímetro, dar prosseguimento à ofensiva terrestre. Para tanto, a área da cabeça de ponte deve proporcionar segurança à reorganização dos meios após a transposição do curso d'água, além de permitir a concentração ou o fluxo necessário de tropas para a continuidade do ataque.

Centro do dispositivo – para cumprir sua missão durante um combate, uma batalha ou uma campanha, uma força militar desdobra seus meios orgânicos no terreno, segundo uma disposição espacial. Essa formação conta com uma frente ou vanguarda, uma retaguarda, lados ou flancos e, é claro, uma porção central denominada centro do dispositivo.

Comandos – termo empregado pelos britânicos, durante a Segunda Guerra Mundial, para designar as forças de incursão anfíbias encarregadas de realizar ataques surpresa contra as posições alemãs localizadas na costa da Europa ocupada. A palavra faz alusão às forças nativas que protagonizaram a Guerra dos Bôeres (1889-1901), na África do Sul, mas seu uso consagrou-se, em todo o mundo, como designação de soldados criteriosamente selecionados e treinados para cumprir missões especiais de alto risco e valor estratégico.

Destacamentos de incursão – forças de pequeno efetivo e constituição variável, empregadas para realizar ataques rápidos e furtivos, calcados na surpresa e seguidos de uma retirada pré-planejada.

Forças especiais – usualmente o termo "forças especiais" é empregado para designar as "forças de operações especiais". Entretanto, em alguns países, como os Estados Unidos, por exemplo, as forças especiais restringem-se ao segmento das forças armadas organizado, equipado e treinado para planejar e executar, preponderantemente, operações de guerra irregular.

Força de operações especiais – conjunto de tropas das forças singulares (exército, marinha e força aérea) organizadas, equipadas e treinadas para planejar e executar operações especiais.

Força-tarefa – tropa de constituição híbrida e temporária, organizada para cumprir uma missão específica.

Guarnições de segurança estática – pequenos contingentes militares incumbidos de proporcionar segurança a uma instalação específica.

Guerra irregular – forma de beligerância que compreende o conjunto de ações políticas, militares e psicológicas, clandestinas e ostensivas, empreendidas por forças predominantemente nativas contra um governo estabelecido ou uma força de ocupação estrangeira. Em seu amplo espectro de atuação encontram-se a guerra de guerrilhas, a subversão, a sabotagem e o terrorismo. Sob o ponto de vista jurídico, abarca a guerra de independência, a guerra civil e a guerra de resistência. Os conflitos irregulares podem, ainda, ser classificados segundo fatores de motivação ideológica em duas categorias, a saber: guerra revolucionária e insurreição.

Irregulares – linguagem coloquial empregada para aludir àqueles que praticam a guerra irregular, ou seja, guerrilheiros, terroristas, agentes subversivos, sabotadores etc.

Linha – traçado geral que delimita a posição das unidades de vanguarda de um exército. A linha defensiva é constituída pelo complexo de posições defensivas em uma determinada faixa do terreno. Já a linha de frente ou *front* representa a zona de contato entre dois exércitos oponentes.

Operações especiais – operações de natureza peculiar, orientadas para a consecução de objetivos militares, políticos, econômicos ou psicológicos em tempo de paz, conflitos e guerras. São operações conduzidas por forças militares e paramilitares especificamente organizadas, equipadas e instruídas para se infiltrar e atuar em áreas hostis, interditadas ou politicamente sensíveis, por meio da aplicação de táticas heterodoxas, técnicas clandestinas e ações sigilosas. As operações especiais diferem das operações convencionais em relação ao risco físico e político. Portanto, considerações político-militares frequentemente modelam as operações especiais, exigindo a supervisão no nível nacional. Tais operações podem ser conduzidas independentemente ou em coordenação com operações realizadas por forças regulares convencionais não adestradas em operações especiais.

Partisans – O termo *partisan* tem sua origem na França medieval e faz alusão aos soldados conhecidos como "*partis* de guerra", os quais eram incumbidos de realizar pequenas incursões, emboscadas, ações de espionagem e coisas do gênero. Usualmente, a expressão "guerra de *partisans*" é empregada como sinônimo de "guerra de guerrilhas".

Postos avançados – pequenos grupos de soldados destacados à frente de um dispositivo defensivo com o propósito de dar alerta oportuno em face de uma eventual aproximação inimiga.

Raid – incursão do tipo "golpe de mão" que, normalmente, combina tropas de naturezas distintas, como forças terrestres e navais, por exemplo.

Surtida aérea – denominação dada a cada decolagem ou voo de uma ou mais aeronaves para cumprir uma missão aérea específica.

BIBLIOGRAFIA

ALEXANDER, Bevin. *A guerra do futuro*. Rio de Janeiro: Bibliex, 1999.

BROWN, Malcolm. *Lawrence da Arábia*. Rio de Janeiro: Nova Fronteira, 2007.

COWLES, Virginia. *O major fantasma*. São Paulo: Flamboyant, 1964.

DEMANT, Peter. *O mundo mulçumano*. 2. ed. São Paulo: Contexto, 2004.

FARIÑAS, Henrique M. *Lawrence*: glória e humilhação. Rio de Janeiro: Record, 1966.

FILHO, Álvaro de Souza Pinheiro. *As forças especiais e as operações de amplo espectro no Iraque e os possíveis reflexos para a doutrina de emprego do Exército Brasileiro*. Rio de Janeiro, 2009. Dissertação (Mestrado em Ciências militares, doutrina) – Escola de Comando e Estado-Maior do Exército.

FULLER, J. F. C. *A conduta da guerra*. Rio de Janeiro: Bibliex, 1966.

GATTAZ, André. *A guerra da Palestina*. São Paulo: Usina do Livro, 2002.

GIORDANI, Mário Curtis. *História do mundo árabe medieval*. Petrópolis: Vozes, 1985.

HOURANI, Albert Habib. *Uma história dos povos árabes*. São Paulo: Companhia das Letras, 1995.

KEEGAN, Jonh. *A Guerra do Iraque*. Rio de Janeiro: Bibliex, 2005.

LAWRENCE, Thomas Edward. *Minha vida secreta*. Rio de Janeiro: Record, 1968.

_____. *Os sete pilares da sabedoria*. São Paulo: Círculo do Livro, s.d.

_____. *Twenty Seven Articles*. Disponível em: <http://www.telstudies.org>. Acesso em: 22 set. 2009.

MAGNOLI, Demétrio (org.). *História das guerras*. São Paulo: Contexto, 2008.

MONTEIRO, Fernando. *T. E. Lawrence*: morte em um ano de sombra. Rio de Janeiro: Record, 2000.

ORGILL, Douglas. *Lawrence*. Rio de Janeiro: Renes, 1978.

REVISTA Ejército: *El Islan*. Madri: Ejército de Tierra, n. 771, 2005.

SWINSON, Arthur. *Comandos do Deserto*. Rio de Janeiro: Renes, 1975.

T. E. LAWRENCE Studies. *T. E. Lawrence e o sionismo*. Disponível em: <http://www.telstudies.org>. Acesso em: 22 set. 2009.

THOMPSON, Leroy. *Boinas Verdes*. São Paulo: Globo, 1987. (Coleção Corpos de Elite.)

TUCHMAN, Barbara W. *Canhões de agosto*. Rio de Janeiro: Objetiva, 1994.

VISACRO, Alessandro. *Guerra irregular*: terrorismo, guerrilha e movimentos de resistência ao longo da história. São Paulo: Contexto, 2009.

O AUTOR

Alessandro Visacro é major das Forças Especiais do Exército Brasileiro. Graduou-se pela Academia Militar das Agulhas Negras no ano de 1991. Exerceu as funções de oficial subalterno no 29º Batalhão de Infantaria Blindado (Santa Maria - RS) e no 26º Batalhão de Infantaria Paraquedista (Rio de Janeiro - RJ). Ingressou nas forças de operações especiais em 1997 e possui o curso de altos estudos militares da Escola de Comando e Estado-Maior do Exército. Serviu no 1º Batalhão de Forças Especiais, na 3ª Companhia de Forças Especiais e no quartel-general da Brigada de Operações Especiais. É autor de *Guerra irregular: terrorismo, guerrilha e movimentos de resistência ao longo da história*, publicado pela Editora Contexto em 2009.

AGRADECIMENTOS

Gostaria de expressar toda gratidão à minha esposa Patricia, sem a qual jamais concluiria este livro. Graças à sua compreensão e a de nosso filho Pedro Ricardo pude dedicar-me à biografia de T. E. Lawrence, em detrimento do nosso convívio familiar. Também sou grato a Fábio Negrão de Souza e Laurence Alexandre Xavier Moreira pelo contínuo incentivo. Devo destacar, ainda, a valiosa e oportuna contribuição prestada por Thales Rodrigo Vieira nas últimas etapas deste trabalho. Por fim, minha gratidão aos meus pais.

GRÁFICA PAYM
Tel. (011) 4392-3344
paym@terra.com.br